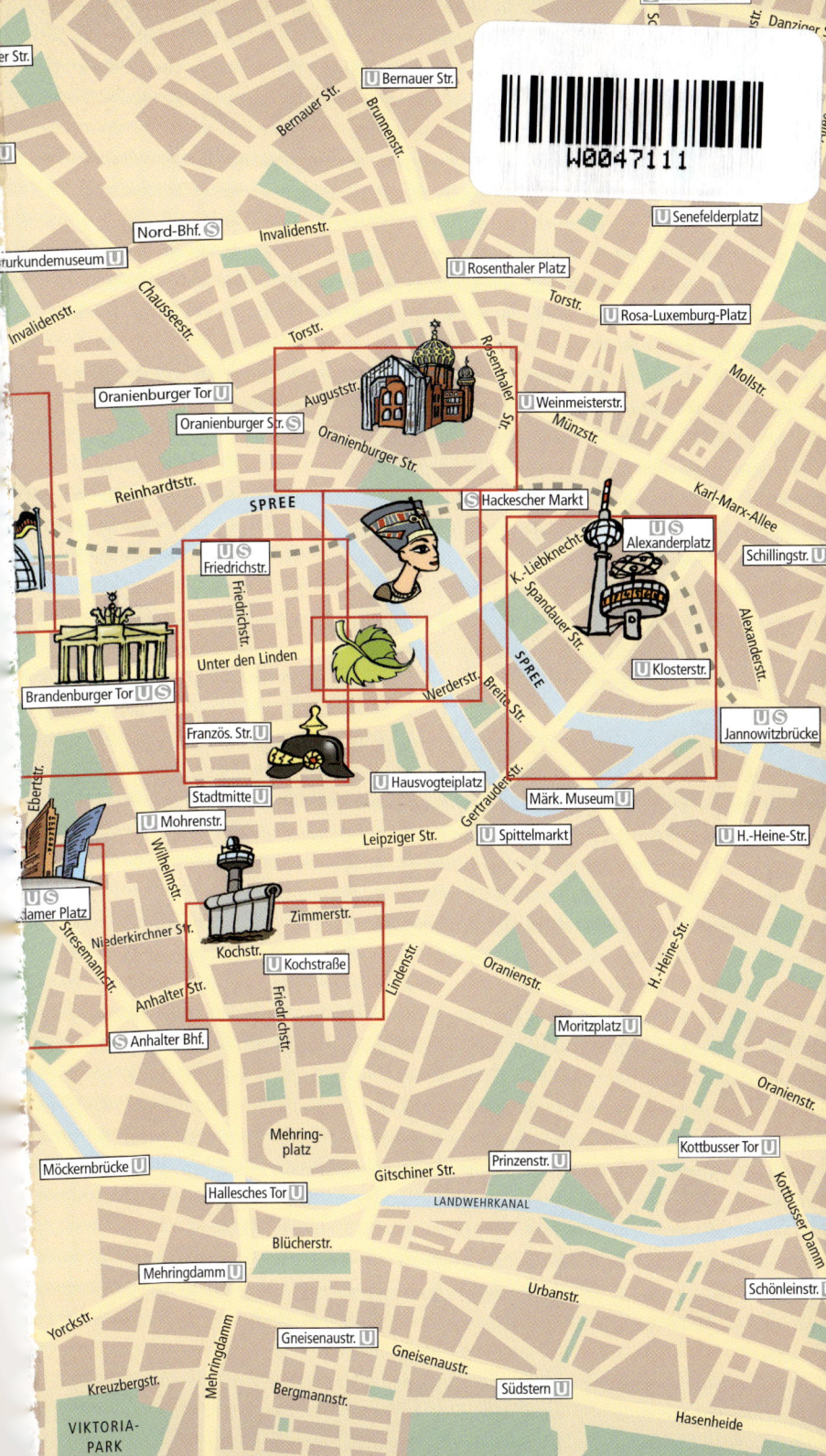

U Eberswalder Str.

Danziger St

U Bernauer Str.

Bernauer Str.

Brunnenstr.

U Senefelderplatz

Nord-Bhf. S

Invalidenstr.

erkundemuseum U

U Rosenthaler Platz

Torstr.

U Rosa-Luxemburg-Platz

Chausseestr.

Torstr.

Mollstr.

Invalidenstr.

Oranienburger Tor U

Augustst.

Rosenthaler Str.

U Weinmeisterstr.

Oranienburger Str. S

Oranienburger Str.

Münzstr.

Reinhardtstr.

SPREE

S Hackescher Markt

Karl-Marx-Allee

U S Alexanderplatz

Friedrichstr.

K. Liebknecht

U S

Schillingstr. U

Spandauer Str.

Friedrichstr.

Unter den Linden

SPREE

Alexanderstr.

Brandenburger Tor U S

Werderstr.

Breite Str.

U Klosterstr.

Franzöś. Str. U

S U
Jannowitzbrücke

Ebertstr.

U Hausvogteiplatz

Gertraudenstr.

Stadtmitte U

Märk. Museum U

U Mohrenstr.

Leipziger Str.

S Spittelmarkt

U H.-Heine-Str.

amer Platz

Zimmerstr.

Stresemannstr.

Niederkirchner Str.

Wilhelmstr.

Kochstr.

U Kochstraße

Lindenstr.

Oranienstr.

Oranienstr.

Anhalter Str.

Friedrichstr.

Moritzplatz U

S Anhalter Bhf.

Mehring-
platz

Gitschiner Str.

Prinzenstr. U

Kottbusser Tor U

H.-Heine-Str

Möckernbrücke U

LANDWEHRKANAL

Hallesches Tor U

Kottbusser Damm

Blücherstr.

Mehringdamm U

Urbanstr.

Schönleinstr. U

Yorckstr.

Mehringdamm

Gneisenaustr. U

Gneisenaustr.

Kreuzbergstr.

Bergmannstr.

Südstern U

Hasenheide

VIKTORIA-
PARK

1912

HEUT

ALEX

Katharina Stahlhoven
Cornelia Alban

Berlin mit Kindern

Der Stadtführer zum Mitmachen, Raten, Selbst-Entdecken

Jaron Verlag

Abbildungen
Archiv der Autorinnen: 9 o., 10 u., 12 (1. und 2. von oben),
25 o., 26 u., 31 o., 37, 43, 45, 47, 51 o., 54 u., 55, 56 u.li., 59 o.,
77, 80 o., 89, 92 o.li., 99 o.
Anne-Frank-Zentrum: 60, 61 Mitte re.
Freygang, Egge: alle Piktogramme
Gedenkstätte Deutscher Widerstand/Museum
Blindenwerkstatt Otto Weidt: 61 Mitte li.
Landesarchiv Berlin: 11, 12 (3. und 4. von oben), 21, 49, 68,
69, 70, 71, 75 o.
Schäfer, Rudolf: 76
Schneider, Günter: 18 Mitte li., 102
SMB, Foto: Adrian Lippmann, form-al: 29
Zoologischer Garten Berlin: 93, 96 o.re.
Alle anderen Fotos: Andreas Jackert

Um die Orientierung zu erleichtern, verwenden wir die alten, bis zur Bezirksfusion (2001) gültigen Bezirksbezeichnungen.

Aktualisierte Neuausgabe
2. Auflage dieser Ausgabe 2014
© 2007, 2011 Jaron Verlag GmbH, Berlin
Alle Rechte vorbehalten. Jede Verwertung des Werkes
und aller seiner Teile ist nur mit Zustimmung des Verlages
erlaubt. Das gilt insbesondere für Vervielfältigungen, Über-
setzungen, Mikroverfilmungen und die Einspeicherung
und Verarbeitung in elektronischen Medien.
www.jaron-verlag.de
Karte (S. 1): Matthias Frach, Berlin
Liniennetzplan (S. 112): Berliner Verkehrsbetriebe
Umschlaggestaltung: Bauer + Möhring, Berlin, unter Ver-
wendung einer Zeichnung von Egge Freygang und eines
Fotos von Günter Schneider
Satz und Layout: Prill Partners|producing, Berlin
Lithographie: LVD GmbH, Berlin
Druck und Bindung: Těšínská tiskárna, a.s., Česky Těšín
Printed in the Czech Republic

ISBN 978-3-89773-674-0

Willkommen in Berlin

Berlin ist klasse, cool, hip, hop, top und flop. Berlin hat viele Gesichter: reich und erhaben, arm und schmuddelig, jung und modern. In der alten und neuen Hauptstadt leben und begegnen sich Menschen unterschiedlicher Herkunft, unterschiedlichen Glaubens, verschiedener Nationen. Sie prägen das Antlitz der Stadt und haben Lachfalten und Furchen hinterlassen.

Berühmt sind die Berliner für ihre Schnauze und ihren Witz. Selbst altehrwürdige Gebäude bleiben von ihrem Humor nicht verschont und tragen Namen wie »Goldelse« oder »Schwangere Auster«. Und die Currywurst, die muss man einfach probieren. Erfunden wurde sie »aus Langeweile«, so behauptet ihre Schöpferin. Wir denken, um Berlinern und Berlin-Besuchern ein bisschen Extrawürze mit auf den Weg zu geben. Berlin ist lebendig und kann spannende Geschichten erzählen. Die Auswahl der Ausflüge

richtet sich an die gesamte Familie, an Kinder im Schulalter, an Touristen und Berliner. Kurz: an alle, die neugierig auf die Schätze dieser Stadt sind und Lust haben, auf Entdeckungsreise zu gehen.

Wollt ihr wissen, wie in Berlin Prinzen und Prinzessinnen mit ihren Eltern lebten? Was Napoleon den Berlinern klaute und wo die Berliner Mauer stand?

Antworten werdet ihr hier finden. Das Buch lädt zum Erkunden und Mitmachen ein.

Zwölf Touren führen durch Berlin: von Potsdamer Platz und Alex über das Charlottenburger Schloss bis zur Spree. Die Ausflüge kann man je nach Laune oder Sonnenschein kurz oder ausgiebig gestalten. Der pfiffige Herr Piefke unterstützt die Erkundungen mit seinem Wissen. Er ist ein kluger, neugieriger kleiner Kerl, eben ein echter Berliner.

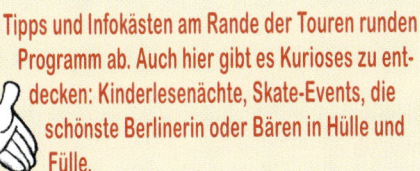

Tipps und Infokästen am Rande der Touren runden das Programm ab. Auch hier gibt es Kurioses zu entdecken: Kinderlesenächte, Skate-Events, die schönste Berlinerin oder Bären in Hülle und Fülle.

Zusätzliche Anregungen und Informationen von Abenteuerspielplatz bis Wasserwerkstatt finden Nimmermüde im Service-Teil am Ende des Buches.

Wir zeigen Berlin: Häuser, Mauern, Monumente, Parks und Paläste. Das allein reicht nicht. Berlin ist kunterbunt und bietet mehr: Gefühl, Stimmung, Spannung, Menschen. Deshalb kommen einige berühmte »Berliner« nicht zu kurz. Aber die Berliner wären nicht Berliner, wenn sie sich von großen Namen beeindrucken ließen. Sie heißen jeden Gast willkommen. »Na, nu kommse ma rin!«

Berlin öffnet seine Tore
Brandenburger Tor

Französische Botschaft

Brandenburger Tor

Straße des 17. Juni

DZ-Bank

Pariser

Platz

Unter den Linden

Amerikanische Botschaft

Holocaust-Mahnmal

Ebertstraße

Der schlaue Herr Piefke schaut im Stammbaum der preußischen Könige nach: Der Soldatenkönig hieß König Friedrich Wilhelm I. Er baute mit seinen langen Kerls das preußische Heer auf, junge Männer, die mindestens 1,88 Meter groß sein mussten. Er selbst führte aber keinen einzigen Krieg. Das tat dann erst sein Sohn.

♦ Start: Pariser Platz

Wie kommst du zum Start?
♦ BVG: S1, S2, S25, U55 Brandenburger Tor ♦ Auto: Parkhaus in der Behrenstraße

Pariser Platz

Du befindest dich auf einem der drei ältesten Plätze Berlins. Sie wurden vor fast 300 Jahren vom Soldatenkönig angelegt.

Die drei ältesten Plätze Berlins haben bis heute diese Formen. Auf welchem bist du?

Karree   Rondell   Oktagon

Berlin war damals viel kleiner als heute. Um die Stadt ließ der König eine Stadtmauer bauen. Von jedem, der Waren nach Berlin brachte, kassierte er eine Einfuhr-gebühr, den Zoll.

Ausdehnung der Stadt
1734 ■
heute ■

Brandenburger Tor

Das Brandenburger Tor war damals eines von 14 Stadt-toren. Es heißt Brandenburger Tor, weil man auf diesem Weg Berlin in Richtung der Stadt Brandenburg verließ.

König Friedrich Wilhelm II. gab ein neues Stadttor in Auf-trag, das du heute siehst. Es musste ein stattliches Tor sein. Jeder sollte sehen, dass nur ein mächtiger König sich so ein schönes Tor erlauben kann.

Eine der Tordurchfahrten durfte nur von der königlichen Familie benutzt werden. Kannst du dir denken, welche das war?

. . . .

Der weitgereiste Herr Piefke war in Griechenland: Architekt Langhans wählte ein ungewöhnliches Vorbild für das Tor: die Propyläen, den Eingang zur Akropolis in Athen. Die riesige Tempelanlage wurde vor etwa 2600 Jahren erbaut.

Die Wagenlenkerin erzählt

Heute siehst du mich auf dem Brandenburger Tor, und es wirkt, als sei dies immer so gewesen. Aber das täuscht! Mir sind schon Dinge passiert! Ich bin sogar entführt worden. Von dem kleinen Franzosen, Napoleon Bonaparte, der im Jahre 1806 durch dieses Tor mit seinen Truppen einmarschierte und die Stadt eroberte. Um die Berliner zu ärgern, ließ der Franzose mich von meinem Platz runterholen, verpackte mich in Kisten und brachte mich nach Paris. Auf dem Tor blieb nur meine Befestigungsstange übrig, die weithin sichtbar in den Himmel ragte. Ich hörte die Leute raunen: »Das ist der Stachel im Fleisch Preußens.« Aber kommt Zeit, kommt Tat. Die Preußen verbündeten sich mit Russland und Österreich und besiegten Frankreich. Als Erstes wurde befohlen, dass ich zurück nach Berlin gebracht werden sollte. Seitdem heiße ich Siegesgöttin und der Platz unter mir

P . . . . s . r . l . t . .

Rund um den Platz

Am Pariser Platz stehen wichtige Gebäude. Seit 1860 residiert die Französische Botschaft hier. Keiner denkt mehr an verlorene Schlachten, und die Franzosen sind stolz auf ihre Adresse in Berlin: Pariser Platz Nr. 5.

Schräg gegenüber steht die amerikanische Botschaft. Das Grundstück gehörte den USA bereits vor dem Zweiten Weltkrieg. Die Berliner freuen sich, dass trotz der strengen Sicherheitsvorschriften der Amerikaner ein reges Leben auf dem Pariser Platz herrscht.

Nach dem Bau der Berliner Mauer lagen der Pariser Platz und das Brandenburger Tor im Ostteil der Stadt. Den vom Krieg zerstörten Platz baute man nicht wieder auf, weil ihn keiner außer den Grenzsoldaten betreten durfte. Hinter dem Brandenburger Tor verlief die Berliner Mauer: So war es für lange Zeit ein Tor ohne Durchlass. Dieses traurige Bild war jahrzehntelang Symbol für das geteilte Berlin.

Herr Piefke ist stolz, Berliner zu sein, denn sie bauen ihre Berge selbst. Eine der höchsten Erhebungen der Stadt, der Teufelsberg, wurde aus Kriegsschutt von 40 000 Häusern aufgetürmt. Heute lassen Kinder hier Drachen steigen und gehen rodeln.

Ordne die Jahreszahlen den Bildern zu.

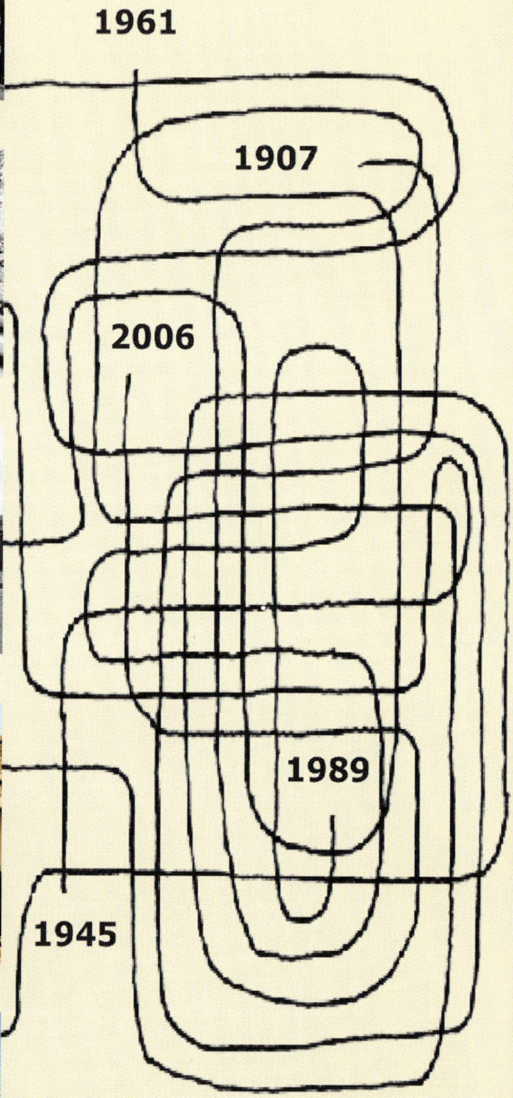

1961

1907

2006

1989

1945

Die Architekten stritten nach dem Fall der Mauer heftig, wie der Pariser Platz neu gestaltet werden sollte. Bis schließlich der Senat durch ein Gesetz bestimmte, wie gebaut werden durfte.

Dem amerikanischen Architekten Frank O. Ghery fiel es schwer, die DZ-Bank genau nach den Vorschriften des Senats für den Pariser Platz zu entwerfen. Er baut sonst anders. Deshalb dachte er sich einen Trick aus: Außen befolgte er die Regeln, dafür tobte er sich im Innern aus.

Wie baut Frank O. Ghery am liebsten?

Stein auf Stein ☐   Fantasievoll ☐

Herr Piefke geht spazieren und merkt: Viele Berliner Straßen sind lang und kreuzen mehrere Bezirke. Die Straßenbezeichnung ändert sich oft. Das ist günstig für die Orientierung und Suche nach Adressen.

Hinter dem Brandenburger Tor verläuft eine Straße scheinbar bis ins Unendliche, in der Ferne siehst du die Siegessäule mit der glänzenden »Goldelse«. Die Straße des 17. Juni ist fast elf Kilometer lang und schlägt eine Achse quer durch die Stadt. Vom Anfang bis zum Ende bist du zu Fuß bestimmt drei Stunden unterwegs.

Holocaust-Mahnmal

An der Ebertstraße liegt ein Stelenfeld. Das Denkmal für die ermordeten Juden Europas erinnert daran, dass von den Nationalsozialisten über sechs Millionen Juden umgebracht wurden.

Der nachdenkliche Herr Piefke erkundet das große Labyrinth aus 2711 Betonblöcken. Er ist still, denn es ist eine Gedenkstätte. Man darf sich verstecken, aber nicht klettern.

▶ **Hunger / Durst?**
Sarah Wiener in der Akademie der Künste: Kuchen und Kleinigkeiten – Tucher am Pariser Platz: schönes Panorama – Wurst, Ebertstraße in Richtung Reichstag: Bio-Curry-Wurst

▶ **WC:**
Im Untergeschoss der Akademie der Künste und Tucher – je 50 Cent

▶ **Picknick:**
Tiergarten auf den gekennzeichneten Wiesen

▶ **Lichtspektakel:**
Am Brandenburger Tor und an weiteren Orten in der Stadt: »Festival of Lights«, im Oktober

▶ **Informationen:**
BERLIN infostore, Wachhaus neben dem Brandenburger Tor, tgl. 10–18 Uhr

Politik erleben
Regierungsviertel

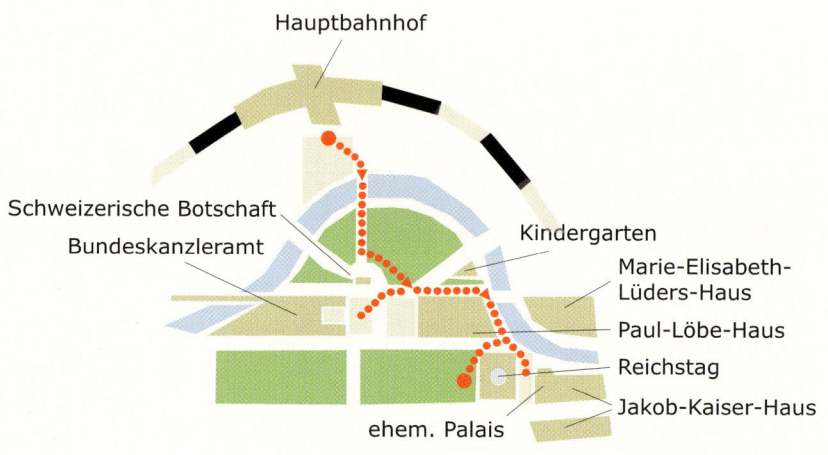

Hauptbahnhof

Schweizerische Botschaft

Bundeskanzleramt

Kindergarten

Marie-Elisabeth-Lüders-Haus

Paul-Löbe-Haus

Reichstag

Jakob-Kaiser-Haus

ehem. Palais

♦ **Start: Hauptbahnhof**

Wie kommst du zum Start?
♦ **BVG:** S3, S5, S7, S75, U55 Hauptbahnhof ♦ **Auto:** Parkhaus am Hauptbahnhof

Hauptbahnhof

Der reiselustige Herr Piefke freut sich, dass mit dem Hauptbahnhof endlich auch die Bahn wiedervereinigt ist. Bis zur Eröffnung waren zwei Bahnhöfe Hauptumsteigeplatz: der Ostbahnhof im Osten und der Bahnhof Zoo im Westen der Stadt.

Schon der Blick vom Hauptbahnhof verrät dir: Du bist mitten im neuen Regierungsviertel gelandet.

Pünktlich zur Fußball-Weltmeisterschaft im Jahr 2006 wurde der Bahnhof eröffnet. Er ist der größte Kreuzungsbahnhof Europas, rund 1100 S-Bahnen, Regional- und Fernzüge halten hier täglich und befördern bis zu 200 000 Fahrgäste am Tag. Für die Verbindung zwischen den vier Ebenen sorgen 23 Aufzüge und 54 Fahrtreppen. Du bewegst dich durch eine große, lichtdurchflutete Kathedrale der Bahn.

Regierungsviertel

Als im Jahr 1991 der Beschluss zum Umzug der Bundesregierung nach Berlin fiel, startete die Suche nach einem angemessenen Haus für das deutsche Parlament: Man entschied sich für das Reichstagsgebäude. Seit 1999 wird von Berlin aus regiert.

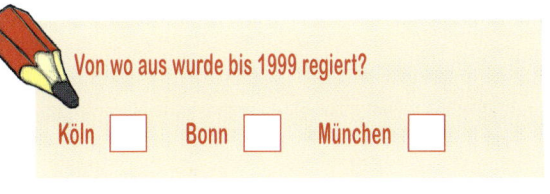

Von wo aus wurde bis 1999 regiert?

Köln ☐   Bonn ☐   München ☐

Herr Piefke erinnert sich. Viele Abgeordnete wollten in Bonn bleiben und protestierten gegen den Umzug. Einmal in der Woche trafen sie sich zu den Montagsdemonstrationen. Die Entscheidung des Bundestages für Berlin fiel äußerst knapp aus.

Drei der Parlamentsgebäude liegen wie eine Spange über dem Bogen, den die Spree an dieser Stelle schlägt. Das »Band des Bundes« ist fast einen Kilometer lang und verbindet die ehemals durch die Mauer getrennten Stadthälften miteinander.

Bundeskanzleramt

Im Bundeskanzleramt befinden sich die Büros der Regierungschefin oder des -chefs. Außerdem liegen im obersten Geschoss ein Apartment für die Kanzlerin oder den Kanzler und ein abhörsicherer Konferenzraum, in dem über geheime Staatsangelegenheiten beraten wird. Im Kanzlergarten gibt es sogar einen Hubschrauberlandeplatz – für Politiker, die es eilig haben.

Paul-Löbe-Haus

Das Paul-Löbe-Haus ist der Motor des Parlamentsviertels. Hier findet die eigentliche Arbeit des Parlamentes statt. In Ausschüssen diskutieren Fachleute der Fraktionen über Inhalte, die später im Plenum des Bundestages zur Abstimmung kommen.

Der Architekt des Paul-Löbe-Hauses wollte, dass das Haus wie ein Motorblock wirkt. Was meinst du, ist es ihm gelungen? Erkennst du die Zylinder?

Mich erinnert das Paul-Löbe-Haus an

....

Marie-Elisabeth-Lüders-Haus

Im Marie-Elisabeth-Lüders-Haus ist die Bibliothek des deutschen Bundestages untergebracht. Sie ist die drittgrößte Bibliothek der Welt, nach denen in Washington und Tokio.

Es gibt noch andere Räume im Marie-Elisabeth-Lüders-Haus. Im Keller ist

ein Schlafsaal ☐   eine Pizzeria ☐   eine Sporthalle ☐

für Abgeordnete, Mitarbeiter und die Bundespolizei.

Schweizerische Botschaft

Mitten im Regierungsviertel steht die Botschaft der Schweiz. Es ist das einzige Gebäude, das von dem alten Alsenviertel übrig geblieben ist.

Herr Piefke erinnert sich: Das Alsenviertel ließen Adolf Hitler und sein Architekt Albert Speer abreißen, weil sie Platz für ihre monumentalen Hauptstadtpläne brauchten. Die Schweizer weigerten sich, ihre Botschaft zu verlassen, und behielten das Grundstück.

Kindertagesstätte des Bundestages

Zum Regierungsviertel gehört eine Kita für die Kinder der Abgeordneten. An eine Sache hatte man dabei allerdings nicht gedacht: Die meisten Familien bleiben in der Heimatstadt des Abgeordneten wohnen. Damit keine Plätze frei bleiben, dürfen auch andere Kinder die Bundestagskita besuchen.

Jakob-Kaiser-Haus

Hier sind die Büros der Abgeordneten untergebracht. Das Jakob-Kaiser-Haus erstreckt sich auf beiden Seiten der Dorotheenstraße. Mehrere Architekten haben an diesem Haus zusammengearbeitet, um dem Block Vielfalt zu geben.

Reichstag

Im Reichstagsgebäude liegt der zentrale Versammlungsraum der Abgeordneten: der Plenarsaal. Hier wird über Gesetze abgestimmt, die auch Kinder betreffen, z.B. wie viel Kindergeld eure Eltern bekommen. Politiker sind berühmte Menschen und müssen vor Anschlägen geschützt werden. Deshalb hat der Plenarsaal schusssichere Scheiben.

Der Reichstag erzählt

Ich wurde vor über 100 Jahren für das deutsche Parlament gebaut. Kaiser Wilhelm II. mochte mich nicht, weil er Angst hatte, dass das Volk mächtiger würde als er selbst. Und so kam es auch. Nachdem Philipp Scheidemann 1918 von einem meiner Balkone die Republik ausgerufen hatte, regierten zum ersten Mal Politiker, die vom Volk gewählt wurden. Nun durften auch Frauen wählen und Politikerinnen werden.

15 Jahre später ergriffen die Nationalsozialisten die Macht. 1933 brannte mein Plenarsaal lichterloh. Bis heute ist ungeklärt, wer die Brandstifter waren. Einige denken, dass die Nationalsozialisten die Täter waren, weil sie den Brand dazu nutzten, politische Gegner auszuschalten und ihre Macht zu festigen.

Das Feuer hatte mich nicht völlig zerstört. So zog die Entbindungsstation der Charité bei mir ein: Viele Babys wurden während des Krieges hinter meinen starken Mauern geboren. In den letzten Kriegstagen litt ich sehr.

Nun schaut mich an! Heute bin ich ein modernes Hightech-Gebäude. Und das Schönste ist: Ich habe viele Gäste aus aller Welt.

Im Jahr 1995 erlaubten die deutschen Politiker etwas Ungewöhnliches. Das zukünftige Parlamentsgebäude durfte in Stoff verpackt werden. Der verhüllte Reichstag des Künstlerpaares Christo und Jeanne-Claude verzauberte für zwei Wochen Berlin und die Welt.

Möchtest du auch ein Haus verhüllen? Hier kannst du den Stoff deiner Verpackungsträume einkleben.

Du hast viel zum Regierungsviertel erfahren. Im Buchstabensalat verstecken sich zehn Begriffe.

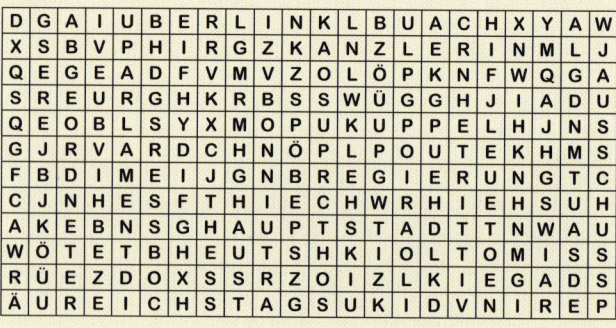

D	G	A	I	U	B	E	R	L	I	N	K	L	B	U	A	C	H	X	Y	A	W
X	S	B	V	P	H	I	R	G	Z	K	A	N	Z	L	E	R	I	N	M	L	J
Q	E	G	E	A	D	F	V	M	V	Z	O	L	Ö	P	K	N	F	W	Q	G	A
S	R	E	U	R	G	H	K	R	B	S	S	W	Ü	G	G	H	J	I	A	D	U
Q	E	O	B	L	S	Y	X	M	O	P	U	K	U	P	P	E	L	H	J	N	S
G	J	R	V	A	R	D	C	H	N	Ö	P	L	P	O	U	T	E	K	H	M	S
F	B	D	I	M	E	I	J	G	N	B	R	E	G	I	E	R	U	N	G	T	C
C	J	N	H	E	S	F	T	H	I	E	C	H	W	R	H	I	E	H	S	U	H
A	K	E	B	N	S	G	H	A	U	P	T	S	T	A	D	T	T	N	W	A	U
W	Ö	T	E	T	B	H	E	U	T	S	H	K	I	O	L	T	O	M	I	S	S
R	Ü	E	Z	D	O	X	S	S	R	Z	O	I	Z	L	K	I	E	G	A	D	S
Ä	U	R	E	I	C	H	S	T	A	G	S	U	K	I	D	V	N	I	R	E	P

▶ **Hunger / Durst?**
Käfer im Reichstag: Kuppelbesuch leicht gemacht – mit Voranmeldung. Das Frühstück ist lecker, leider nicht ganz billig. Für Kinder etwas zu eng, lohnt sich aber trotzdem. Schöner Ausblick! Tel. 226 29 90, Eisstand auf der Besucherterrasse des Reichtages – Biergarten neben dem BERLIN infostore in der Scheidemannstraße – an der Spree gegenüber Hauptbahnhof, Capital Beach: Liegestühle (nur im Sommer) – Bundespressestrand: Liegestühle, Sand, täglich ab 10 Uhr, Kapelle-Ufer

▶ **WC:**
Im BERLIN infostore

▶ **Mauer:**
Mauerdenkmal im Marie-Elisabeth-Lüders-Haus, Fr–So 11–17 Uhr

▶ **Bootsfahrten:**
Anleger gegenüber vom Hauptbahnhof

▶ **Informationen:**
Kostenlose Angebote des Besucherdienstes des Deutschen Bundestages, Kinder-Audio-Guide auf der Besucherterrasse, Politobongo – DVD für Kinder, auf Nachfrage beim Besucherdienst erhältlich – www.kuppelgucker.de, Kinderseiten mit vielen Infos für Kinder zur Politik – www.bundestag.de/service, Angebote für Besucher des Deutschen Bundestages, Schülerangebote

Die Schatzinsel
Museumsinsel

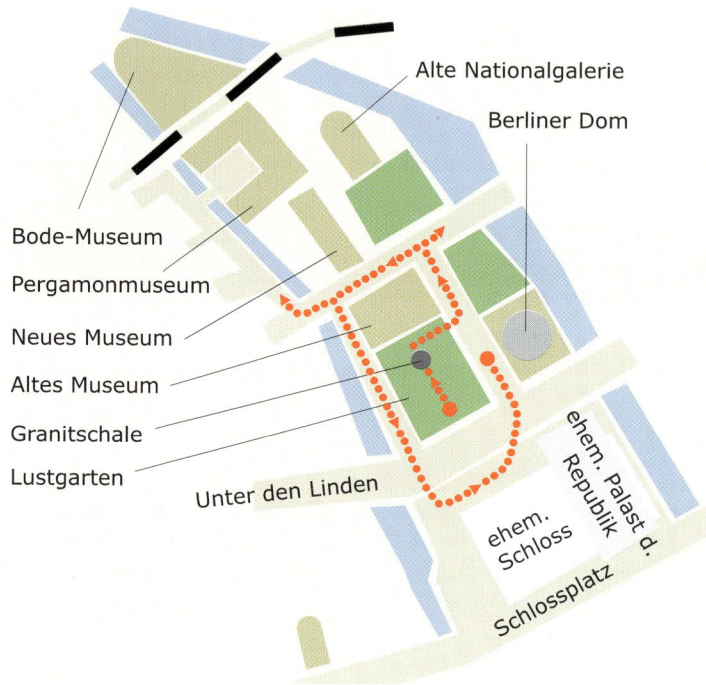

Alte Nationalgalerie

Berliner Dom

Bode-Museum

Pergamonmuseum

Neues Museum

Altes Museum

Granitschale

Lustgarten

Unter den Linden

ehem. Palast d. Republik

ehem. Schloss

Schlossplatz

♦ **Start:** Lustgarten

Wie kommst du zum Start?
♦ **BVG:** S5, S7, S75, S9 Hackescher Markt ♦ **Auto:** Parkhaus Radisson SAS Hotel, Karl-Liebknecht-Straße

Auf der Museumsinsel sind so viele Kunstschätze untergebracht, dass man für sie im Laufe der Jahrhunderte fünf große Museen errichten musste. Und sie wird weiter ausgebaut. Die Sammlungen sind weltweit einmalig. Deshalb wurde die Museumsinsel zum Weltkulturerbe erklärt.

Lustgarten
Der Lustgarten vor dem Alten Museum ist der prächtige Eingang zu den Schatzkammern der Preußischen Museen.

Angelegt wurde er zunächst als Küchen- und Kräutergarten der Könige. Das ist lange her, 400 Jahre.

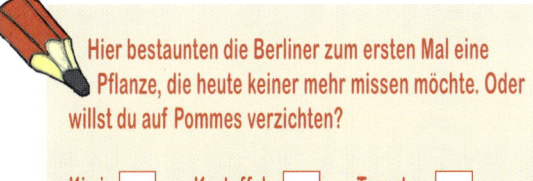

Hier bestaunten die Berliner zum ersten Mal eine Pflanze, die heute keiner mehr missen möchte. Oder willst du auf Pommes verzichten?

Kiwi ☐   Kartoffel ☐   Tomate ☐

Die gewaltige Granitschale im Lustgarten ist aus einem einzigen Stein gehauen. Sie wiegt 70 Tonnen, so viel wie zehn Elefanten. Als der Steinmetz Cantian sie vor etwa 200 Jahren schuf, war sie die größte der Welt. Cantian hielt sich nicht an die Vorgaben und führte sein Werk einfach größer aus. So passte die Schale nicht mehr in die Schinkel-Rotunde und wurde stattdessen vor das Museum gestellt.

Der pfiffige Herr Piefke weiß, dass die Gebäude auf der Museumsinsel auf zirka 40 000 Holzpfählen gebaut wurden. Heute benutzen die Ingenieure im feuchten Untergrund viel längere, mit Beton gefüllte und ummantelte Stahlrohre, die tief bis zum tragenden Untergrund in die Erde gebohrt werden.

Altes Museum

Der Architekt Karl Friedrich Schinkel baute das Alte Museum nach dem Vorbild eines griechischen Tempels. Die Bauten der alten Griechen und Römer fand man zu seiner Zeit, vor 200 Jahren, besonders schön.

Herr Piefke bewundert Schinkel. Schon mit 17 Jahren beschloss Karl Friedrich Schinkel, Architekt zu werden, verließ die Schule und schlug sich als Dekorationsmaler durch. Das Multitalent schaffte den Durchbruch, 1830 wurde er Oberbaudirektor von Berlin. Er hat die Stadt schöner gemacht.

Das Alte Museum war eines der ersten Museen in Deutschland. Mit ihm war die Kunst nicht mehr nur den Adligen vorbehalten, sondern für jedermann zugänglich.

Die Schinkel-Rotunde kann man ohne Ticket besichtigen. Für Altertumsbegeisterte lohnt sich die Ausstellung im Hauptgeschoss: antiker Schmuck und Waffen.

Die Rotunde im Hauptgeschoss solltest du nicht verpassen. Schinkel hat sie in Anlehnung an das antike Pantheon in Rom als kuppelüberwölbten kreisrunden Raum entworfen.

Dem König war eine Kuppel als Zeichen der Macht auf einem öffentlichen Museum für alle Bürger nicht recht. Schinkel griff zu einem genialen Trick.
Ist die Kuppel von außen zu erkennen?

Ja ☐   Nein ☐

Der kluge Herr Piefke unterscheidet: Es gibt in Berlin die Alte und die Neue Nationalgalerie. Weil nach dem Bau der Mauer alle wichtigen Museen und andere Einrichtungen im Ostteil der Stadt lagen, baute man in West-Berlin diese Häuser neu.

Alte Nationalgalerie

Der Entwurf für die Alte Nationalgalerie stammt von keinem Geringeren als vom König. Bauen ließ Friedrich Wilhelm IV. sie vom Architekten Friedrich August Stüler. Der architekturbegeisterte König und große Kunstliebhaber legte den Grundstein für die Sammlung zeitgenössischer deutscher Kunst. Sein Reiterstandbild steht auf der Freitreppe des Museums.

Das Dach der Alten Nationalgalerie krönen drei Frauen, die
»Schwestern in der Kunst«. Findest du heraus, wie sie heißen?

B . l . h a u . . . i

M . l . . e i

. . c h i . . . t u .

Neues Museum

Das Neue Museum entstand als Ergänzung
zum Alten Museum, daher der Name. Neu
war auch die Idee der damaligen Ausstellung: Besucher, die nicht in ferne Länder rei-
sen konnten, sollten trotzdem etwas darüber
lernen. Deshalb wurden die Räume im Stil
der Herkunftsländer eingerichtet.

**Die berühmte
Nofretete kannst du im
Neuen Museum besichtigen.
Die »Schönste Berlinerin« hat einen
Raum ganz für sich allein – und für
alle Gäste, die sie besuchen.**

Pergamonmuseum

Kennst du ein Museum, in dem Gebäude
ausgestellt sind? Im Pergamonmuseum kannst
du antike Architektur wie den Pergamonaltar
bestaunen. Archäologen brachten den Koloss
vor ungefähr 100 Jahren
aus dem Nahen Osten
mit. Obwohl man in
Museen nichts anfassen
darf, kann man hier die
Stufen des Heiligtums
hochklettern. Der Perga-
monaltar gibt dem Mu-
seum zwar seinen Na-
men, aber es bietet noch
mehr Giganten: einen
echten assyrischen Pa-
last, ein 29 Meter hohes
römisches Markttor und
eine löwengeschmückte
Prozessionsstraße.

Bode-Museum

Das Bode-Museum wurde im Herbst 2006 neu eröffnet und bietet neben den berühmten Sammlungen etwas Besonderes: eine Kindergalerie mit kleinen Wechselausstellungen, die für Kinder konzipiert sind. Im Werkraum kannst du malen, töpfern und schnitzen. Medienterminals bieten darüber hinaus interaktiven Zugang zu verschiedenen Themenbereichen.

Im Kreuzworträtsel verstecken sich die Namen der fünf Museen. Vervollständige sie.

Stadtschloss

Suchst du nach dem Berliner Schloss, wirst du nur die Ruinen des Kellers finden. Es war einst das Stadtschloss der mächtigen Hohenzollern und bildete das Zentrum Berlins. Die Regierung der DDR ließ das vom Krieg beschädigte Stadtschloss 1950 mit 13 000 Kilo Dynamit sprengen.

Warum ließ man den »Plunder der Geschichte« (Otto Grotewohl, damaliger Ministerpräsident der DDR) sprengen?

☐ Das Schloss war im matschigen Baugrund der Museumsinsel eingesunken.

☐ Der Arbeiter- und Bauernstaat wollte kein Königsschloss als Zentrum seiner Hauptstadt.

Anstelle des Schlosses baute die DDR den Palast der Republik. Wo einst Könige regierten, wurde ein Palast für das Volk errichtet. Hier tagte das Parlament, und die Bürger vergnügten sich. Dieses Gebäude wurde auf Beschluss des Deutschen Bundestages Schritt für Schritt abgerissen. An gleicher Stelle möchte man das Berliner Stadtschloss wieder aufbauen, in dem Museen und die Universität einziehen sollen. Weil aber bislang das Geld fehlte, wurde erst einmal eine Wiese eingesät.

Die Berliner Könige hießen Hohenzollern. Weißt du, wie ihre Vornamen lauteten? Leider waren sie nicht besonders einfallsreich. Es wurden in über 200 Jahren nur drei Namen an alle Kronprinzen vergeben. Welche?

☐ Friedrich

☐ Gustav

☐ Wilhelm

☐ Friedrich Wilhelm

Viele Berliner wünschen sich, dass der Schlossplatz bebaut und
gestaltet wird. Aber wie? Die Meinungen gehen auseinander:
das alte Schloss, ein modernes Museum, ein Park? Was schlägst du vor?

. . . .

. . . .

. . . .

. . . .

. . . .

. . . .

. . . .

. . . .

. . . .

. . . .

. . . .

. . . .

. . . .

Berliner Dom

Der Berliner Dom entstand im Auftrag des Kaisers Wilhelm
II. Ihm wird ein ausufernder Geschmack nachgesagt, und
er nahm sich kolossal wichtig. Deshalb ist die riesige Hof-
kirche mächtig und aufwendig geschmückt.

Der neugierige Herr Piefke entdeckt im Keller unter dem Dom die Gruft der Hohenzollern. Es gibt an die 100 Prunksärge aus mehreren Jahrhunderten, auch winzige Kindersärge von Prinzen und Prinzessinnen.

▶ **Hunger / Durst?**
Café im Pergamonmuseum, auf der Terrasse – **12 Apostel** unter den S-Bahnbögen: Zwischen 11.30 und 16 Uhr bekommt man die superleckere Riesen-Steinofenpizza für reduzierte 6,50 €.

▶ **WC:**
Berliner Dom und Alte Nationalgalerie, im Untergeschoss, ohne Ticket

▶ **Im Winter:**
»Grimmis« in der **Märchenhütte** ab 4 Jahre, Bunkerdach im Monbijou-park, vis-à-vis Bode-Museum, Tel. 24 04 86 50 oder per Mail: winter@maerchenhuette.de, Karten ab 4 €

▶ **Im Sommer:**
Picknick auf der Wiese hinter dem Dom

▶ **Aquarium:**
AquaDom, direkt neben der Museumsinsel. Unterwasserwelten, durch die man mit einem Personenaufzug nach oben fahren kann, täglich 10–18 Uhr

▶ **Bootsfahrten:**
Anleger östlich der **Museumsinsel**, Riesenauswahl aller Touren

Die Öffnungszeiten der Museen findest du im Service auf S. 108.

Vom Flanieren und Spazieren
Unter den Linden

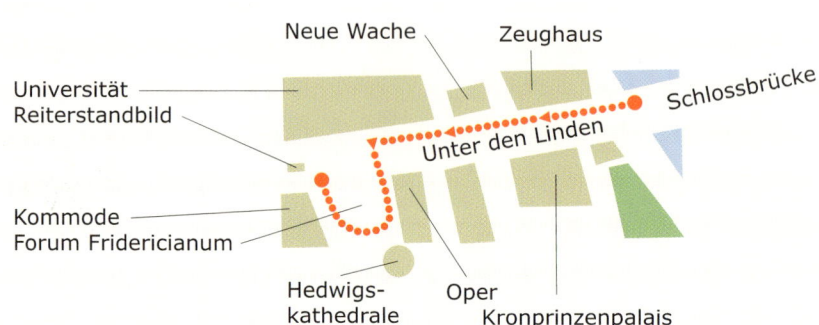

- Start: **Schlossbrücke**

Wie kommst du zum Start?
- **BVG:** S5, S7, S75, S9 Hackescher Markt ◆ **Auto:** Parkhaus am Bebelplatz

Herr Piefke liest beim Dichter Heine nach: »Ja, das sind die berühmten Linden ... Unter diesen Bäumen war der Lieblingsspaziergang so vieler Männer. Hier ging der Große Fritz, hier wandelte er. Aber ist die Gegenwart nicht auch herrlich?«

Früher war die Straße Unter den Linden weit davon entfernt, ein prächtiger Boulevard zu sein. Sie war der sandige Jagd- und Reitweg der Adeligen. Der Große Kurfürst befahl, 2000 Linden und Nussbäume anzupflanzen. So entstand die Straße Unter den Linden.

Der Reitweg führte durch Felder und Wiesen. Schweine aus den umliegenden Bauernhöfen wühlten den Boden so auf, dass ein Gesetz zur Pflege der Allee erlassen wurde. Aber bald sollten Prunkbauten entstehen, die du heute noch besichtigen kannst.

Schlossbrücke

Schon bald nach der Einweihung der Schlossbrücke gaben die Berliner ihr wegen der steinernen Figuren den Spottnamen »Puppenbrücke«. Aufsehen erregte sie damals nicht wegen der dargestellten Kriegsszenen – das fand man nach dem Sieg über die

Franzosen gut. Die Berliner regten sich vor 200 Jahren auf, weil die Statuen nackt waren. Der König überlegte sogar, sie ins Zeughaus zu bringen, damit das Getuschel der Leute aufhört.

Früher verband eine hölzerne Zugbrücke den Schlossbezirk mit dem Jagdweg des Königs. Sie hieß Hundebrücke. Kannst du dir denken, warum?

. . . .

. . . .

Zeughaus

Das Zeughaus ist das älteste Gebäude Unter den Linden. Das Prachtstück stand schon, als hier noch die Schweine den Sand aufwühlten.

Zu Beginn des 18. Jahrhunderts baute man eine beeindruckende Waffenkammer für das

Der neugierige Herr Piefke schaut sich im Innenhof des Zeughauses um. Dort entdeckt er die Masken sterbender Krieger. Sie beeindrucken ihn sehr. Die Schmerzen und die Angst vor dem Tod wirken so echt.

»Zeug« des Militärs. Gut 200 Jahre diente sie als Lager für Kanonen, Gewehre, Munition und Kriegsbeute. 150 000 Waffen und Trophäen waren im Zeughaus untergebracht.

Heute hat das Zeughaus zwei Gesichter. Vorne ist es alt und erhaben. Schau mal hinter das Haus – da ist es jung und modern.

Die ständige Ausstellung im Zeughaus ist eine Zeitreise durch die deutsche Geschichte. Achtung: sehr umfangreich, besser Lieblingsthemen aussuchen, z.B. Ritter, Waffen oder alter Schmuck. Täglich 10–18 Uhr geöffnet.

Kronprinzenpalais

Das Palais wurde umgebaut, weil der Soldatenkönig wollte, dass sein Sohn Friedrich darin wohnte. Friedrich mochte aber nicht in der Nähe seines Vaters leben, weil die beiden nicht gut miteinander auskamen. Der sparsame Vater liebte seine Soldaten, während Friedrich Musik und Bücher mochte. Deshalb hielt er sich lieber außerhalb von Berlin auf. Trotzdem heißt das Haus bis heute Kronprinzenpalais.

Friedrich spielte ein Musikinstrument. Welches könnte es gewesen sein?

Flöte ☐   Schlagzeug ☐

Im Kronprinzenpalais wurde 1990 zwischen der Bundesrepublik Deutschland und der DDR der Einigungsvertrag geschlossen, der das einst geteilte Deutschland wiedervereinigte.

Neue Wache

Die Wache bildete die Grenze zum Schlossbezirk. Soldaten kontrollierten die Ein- und Ausfahrten. An der Art, wie die Kutscher mit der Peitsche knallten, erkannte man, ob eine Hofkutsche vorbeifuhr. Dann mussten 20 Wachsoldaten grüßen und strammstehen. Sie wussten oft nicht, wer in der Kutsche saß. Vielleicht ein Prinzenbaby mit Kinderfrau oder der König persönlich? Fuhr ein

gewöhnlicher General vorbei, salutierte nur
die Hälfte der Soldaten.

Seit dem Ersten Weltkrieg dient die Neue
Wache als Gedenkstätte. Jedes Jahr am Volks-
trauertag werden Kränze für die Opfer von
Krieg und Gewaltherrschaft vor der trauern-
den Mutter niedergelegt.

Herr Piefke trauert mit
der Künstlerin Käthe
Kollwitz: Ihr 18-jähri-
ger Sohn Peter starb
im Ersten Weltkrieg. Sie war
traurig über seinen Tod und
schuf eine Bronzeskulptur,
die eine Mutter mit ihrem
toten Kind zeigt.

Forum Fridericianum

Friedrich der Große mochte Berlin nicht. Es
war für ihn zu sehr von den Exerzierplätzen seines Vaters geprägt. Deshalb plante er etwas ganz
Neues, ein kulturelles Zentrum für Berlin: das
Forum Fridericianum. Es umfasste die Oper, die
Kathedrale, die Bibliothek und die heutige Universität.

Den Auftakt gab die Oper. Zum ersten Mal in
Europa wurde ihr ein eigenes Haus zugestanden.

Zunächst durften nur geladene Gäste hinein. Erst nach dem Tod Friedrichs des Großen wurden Eintrittskarten an jeden verkauft, der es sich leisten konnte.

Herr Piefke versteht, warum Friedrich sich wehrt: Der strenge Vater verbietet ihm das Lesen und Flötespielen. Stattdessen lässt er jeden Tag eine Kanone vor dem Fenster seines Sohnes abfeuern, damit sich an den Lärm der Schlachten gewöhnt.

Die Oper hatte 2000 Stehplätze und einen einzigen Sitzplatz. Wer durfte als Einziger sitzen?

Der König ☐   Der Dirigent ☐

Hinter der Oper entstand die Hedwigskathedrale. Das Grundstück wurde vom König spendiert, als er das katholische Schlesien besiegt hatte und Schlesier nach Berlin zogen. Die Kathedrale war die erste katholische Kirche in Brandenburg.

Der Bauplan für die Alte Bibliothek war eigentlich für die Wiener Hofburg gedacht. Der österreichische Kaiser hatte nicht genug

Geld, um ihn zu verwirklichen. Als Friedrich 50 Jahre später den Entwurf in die Hände bekam, wollte er die Öster-
reicher ärgern und ließ seine Bibliothek nach der Wiener
Idee errichten. Sie sah schon damals unmodern aus und
passt nicht so recht hierher. Die Berliner gaben ihr wegen
der fülligen bauchigen Form den Schmähnamen »Kom-
mode«.

Seit fast 200 Jahren residiert im Prinz-Heinrich-Palais die
Humboldt-Universität. Einer der Gründungsväter ist Wilhelm von Humboldt. Er und sein Bruder Alexander sitzen
in Stein gehauen vor dem Universitätsgebäude. Der eine
war Gelehrter und Politiker, der andere Naturforscher und
Entdecker.

Erkennst du sie?

Wilhelm von Humboldt hält ein . . . .
in der Hand.

Alexander sitzt auf einem . . . .

Die »Versunkene Bibliothek« auf dem Bebelplatz erinnert
an die Bücherverbrennung durch die Nationalsozialisten.
Auf dem Platz wurden 1933 Tausende Bücher verbrannt.
In den Flammen gingen Werke berühmter Schriftsteller auf:
Heinrich Heine, Karl Marx, Thomas Mann, Erich Kästner
und viele andere.

Der bestürzte Herr Piefke erinnert sich: Es wurden **Bücher** von Künstlern **verbrannt**, die die Weltanschauung der Nationalsozialisten nicht teilten. Die meisten flohen aus Deutschland, weil sie um ihr Leben fürchten mussten. Heines Zitat sollte traurige Wahrheit werden: »… dort wo man Bücher verbrennt, verbrennt man am Ende auch Menschen«.

Erich Kästner schrieb auch Kinderbücher. Kennst du welche?

....
....
....
....
....

Reiterstandbild

Eines der berühmtesten Denkmäler Berlins steht auf der Höhe der Universität: das Reiterstandbild Friedrichs des Großen. Er reitet als würdevoll gealterter Philosoph auf seinem Lieblingspferd Condé über das Forum. Auf dem Sockel ist das Fußvolk des Königs versammelt: Generäle, Politiker, Wissenschaftler und Künstler.

Fritzens Pferd erzählt

Pardonnez-moi, mein Name ist Condé. Ich spreche leider besser Französisch als Deutsch, so wie mein König, Friedrich II. Später werdet ihr ihn Friedrich den Großen nennen oder auch den Alten Fritz. Du siehst mich hier auf ungewöhnliche Weise dargestellt: Der König reitet! Das bin ich nicht gewohnt. Früher war Friedrich ein guter Reiter. Aber als letztes Reitpferd des Königs hatte ich Glück. Friedrich war für lange Ausritte viel zu alt. Sogar auf das Schlachtfeld ließ sich der große Feldherr zum Ende seines Lebens lieber mit der Postkutsche fahren. Manchmal ließ er sich in meinen Sattel heben, um für einen Moment den Pferderücken zu spüren. Ich durfte mich frei im großen Schlosspark von Sanssouci bewegen. Wenn ich den König erblickte, galoppierte ich schnell zu ihm. In seinen Uniformtaschen steckten immer Leckereien für mich.

▶ Hunger/Durst?
Museumscafé im Deutschen Historischen Museum: Sommerterrasse, kein Autoverkehr – Café Opernpalais im Prinzessinnenpalais: sensationelles Kuchenbüfett – Tadshikische Teestube im Palais am Festungsgraben: exotische Atmosphäre, Mo–Fr 17–24 Uhr, Sa und So 15–24 Uhr

▶ WC:
Zeughaus – Foyer der Humboldt-Universität

▶ Museum:
Deutsche Guggenheim Berlin, Ecke Charlottenstraße, täglich 11–20 Uhr, Do bis 22 Uhr, Kinder bis zwölf Jahre haben freien Eintritt, Angebote für Schulklassen und Kinder (Voranmeldung)

▶ Picknick:
Auf der Wiese zwischen der Friedrichswerderschen Kirche und Unter den Linden – Im Innenhof der Humboldt-Universität

▶ Bootsfahrten:
Anleger an der Schlossbrücke

Pferdeställe und Nobelkarossen
Gendarmenmarkt und Friedrichstraße

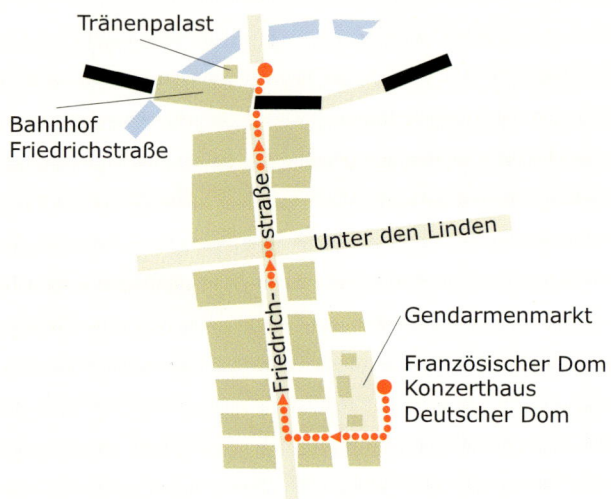

- **Start:** Gendarmenmarkt

Wie kommst du zum Start?
- **BVG:** U6 Französische Straße; U2, U6 Stadtmitte ◆ **Auto:** Parkhaus in der Jägerstraße

Die Tour bringt dich zu einem der eindrucksvollsten und schönsten Plätze der Stadt – manch einer meint sogar, von ganz Europa –, dem Gendarmenmarkt.

Am Gendarmenmarkt kann man im Sommer in Liegestühlen vor großartiger Kulisse ausruhen. Kinder haben Platz zum Toben. Im Dezember findet hier einer der schönsten Weihnachtsmärkte Berlins statt.

Eine Militäreinheit des Soldatenkönigs hatte auf dem Platz eine Wache. Die Soldaten hießen

g e . s   d' a . m . s

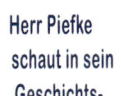

Der Ausdruck »gens d'armes« kommt aus dem Französischen und heißt wörtlich übersetzt »Leute mit Waffen«. Heute nennt man in Frankreich die Polizei Gendarmerie.

1688 wurde der Platz als Marktplatz in der damals neuen Friedrichstadt angelegt. Dieser Stadtteil wurde für viele Hugenotten zur Heimat. Den Namen Gendarmenmarkt trägt der Platz seit gut 270 Jahren.

Herr Piefke schaut in sein Geschichtsbuch: Hugenotten waren französische Protestanten, die von der katholischen Kirche verfolgt wurden. Der Große Kurfürst nahm sie gerne auf, weil sie geschäftstüchtig waren. Vor 300 Jahren war fast jeder vierte Einwohner Berlins ein Franzose.

Dass es in Berlin einst sehr französisch zuging, hört man den Berlinern heute noch an. Der Name eines leckeren Berliner Fleischbällchens ist französischen Ursprungs. Verbinde die Buchstaben in der richtigen Reihenfolge.

Der kluge Herr Piefke meint, dass auch Könige manchmal Nachhilfe brauchen. Friedrich der Große sprach schlechter deutsch als französisch. Auf seinen Befehl mussten im Theater am Gendarmenmarkt alle Stücke in französischer Sprache aufgeführt werden.

Der Gendarmenmarkt erzählt

Hättest du gedacht, dass auf meinem edlen Pflaster einst Gäule standen? Den Dreck und den Lärm mutete mir der Soldatenkönig zu. Doch zum Glück hatte sein Sohn Friedrich nichts für Kasernen übrig. So rückten Bautrupps an. Ich staunte nicht schlecht, als sie fertig wurden. Stolz glitzern seitdem die beiden Kuppeln des Französischen und des Deutschen Doms wie Zwillinge über der Stadt. Unterhaltung und Abwechslung brachte mir ein drittes Haus am Platz: das Theater. Doch eines Abends wurde es dramatisch. »Helft – rettet – das ganze Schloss steht in Flammen!« Der Bühnentext wurde Wirklichkeit, das Theater brannte.
Auf den Grundmauern des abgebrannten Theaters baute der berühmte Karl Friedrich Schinkel eines seiner schönsten Werke: das Konzerthaus.

Friedrichstraße

Bis zum Zweiten Weltkrieg war die Friedrichstraße eine der Ausgehmeilen Berlins. Hier ging es nicht so vornehm zu wie am Gendarmenmarkt. Dicht gedrängte Mietshäuser mit kleinen Geschäften, Werkstätten, Kinos, Bierkneipen und einfache Restaurants reihten sich aneinander.

Bei Aschinger gab es »Erbsensuppe für 30 Pfennig und 'ne Schrippe dabei«, das Besteck war angekettet. Warum knebelte man das Besteck?

☐ Man aß dort von wertvollen Silberlöffeln, die jeder haben wollte.

☐ Die Gäste waren so arm, dass sogar das Blechbesteck vor ihnen nicht sicher war.

Herr Piefke hat »Pünkt-
chen und Anton« von
Erich Kästner gelesen: »Die
Autos drängen die Friedrichstraße hinauf. Die Lampen und
die Scheinwerfer blitzen, und auf
den Fußsteigen schieben sich die
Menschen vorwärts. ... Kinder,
das ist ein Leben ... Kommt, wir
gehen ins Automatenrestaurant.«

In dem Haus Friedrichstraße 167/168 wurde vor ungefähr 100 Jahren das erste Berliner Selbstbedienungs-Automatenrestaurant eröffnet.

So wandeln sich die Zeiten: Statt Automatenrestaurants und Kaschemmen gibt es hier nun Edelitaliener, Luxuspassagen und Nobelherbergen.

Schon früh etablierten sich an der Ecke Friedrichstraße/Unter den Linden Caféhäuser, deren Namen bis heute ein Begriff sind: zum Beispiel das legendäre Café Kranzler, das nach dem Zweiten Weltkrieg am Ku'damm eröffnete.

Vor der Terrasse des alten Café Kranzler soll Fürst Pückler auf ungewöhnliche Art um seine zukünftige Ehefrau geworben haben. Er fuhr mit einer Kutsche vor, die nicht von Pferden, sondern von Hirschen gezogen wurde.
Welche Speise wurde nach dem Fürsten benannt?

Ein Eis ☐

Ein Hirschragout ☐

Eine Hochzeitstorte ☐

Der pfiffige Herr Piefke weiß: An dieser Ecke wohnten Wilhelm von Humboldt und seine Frau Karoline. Am Heiligabend vor 200 Jahren schmückte Karoline im Vorgarten eine Tanne mit Kerzen. Das gefiel den Berlinern, und viele machten es nach. Ein neuer Brauch entstand: der Weihnachtsbaum.

Im Café Bauer wurde in Berlin der elektrische Strom eingeführt. Werner von Siemens baute dafür einen Dynamo im Haus ein.
An der Ecke, wo du heute Schauräume mit Nobelschlitten siehst, befand sich der erste Taxistand Berlins. Hier hielten Mietdroschken und Pferdeomnibusse. Simon Kremser richtete die erste Pferdeomnibuslinie in Berlin ein. Unter den Linden war es erstmals möglich, eine Droschke auf Zeit zu mieten. Zuvor durften nur Adelige mit Kutschen fahren. Weil Kremser so erfahren im Fuhrgewerbe war, soll er auch den Rücktransport der Quadriga von Paris nach Berlin organisiert haben.

Ab 1833 herrschte ein solches Chaos, dass der Verkehr von der Polizei geregelt werden musste. So kam der erste Verkehrspolizist Berlins zum Einsatz.

Bahnhof Friedrichstraße

Nach dem Mauerbau wurde der Bahnhof Friedrichstraße zum Grenzübergang der geteilten Stadt. Die Berliner trennte ein kompliziertes System von Treppen, Eingängen, Bahnsteigen und Schalterhallen.

Die Abfertigungshalle von damals für Ein- und Ausreisen aus dem Westen steht heute noch. In der Halle verabschiedeten sich Verwandte und Freunde voneinander. Die traurige Stimmung verlieh ihr den Namen:

T . ä . . n p a . . s .

Herr Piefke erinnert sich daran, wie er damals im Bahnhof die Grenzkontrollen passierte: Eisentüren ohne Klinken, Betonmauern, düstere Gänge ohne Ausgang markierten den Grenzverlauf. Polizisten mit Maschinengewehren und Suchhunden überwachten jeden.

Das Gebäude heißt zwar noch heute so, aber inzwischen amüsiert man sich bei Konzert und Kabarett, und es wird viel gelacht.

▶ Hunger/Durst?
Maredo im Zollernhof des ZDF, Unter den Linden 36–38: Kinderkarte – Fassbender und Rausch am Gendarmenmarkt: Schokoladenrestaurant – RITTER SPORT BUNTE SCHOKOWELT, Französische Straße 24: Lieblingsschokolade aus individuellen Zutaten selbst kreieren

▶ WC:
Im Untergeschoss der Galeries Lafayette – Bahnhof Friedrichstraße

▶ Bootsfahrten:
Anleger an der Weidendammer Brücke

▶ Fahrräder:
Take a Bike, Neustädtische Kirchstraße 8: Kinderfahrräder zum halben Preis

▶ Musik:
Komische Oper, Unter den Linden 41: Kinderinszenierungen, die Groß und Klein begeistern, Karten unter karten@komische-oper-berlin.de oder an der Kasse

▶ Reiselektüre:
Erich Kästners Kinderbücher »Pünktchen und Anton« und »Emil und die Detektive« lassen die 20er Jahre in Berlin lebendig werden.

Prächtige Aussicht

Alexanderplatz und Nikolaiviertel

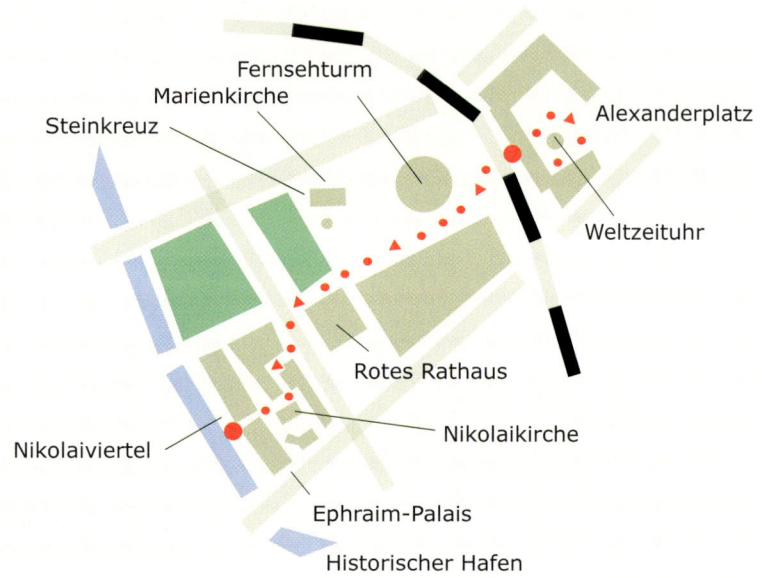

Fernsehturm
Marienkirche
Steinkreuz
Alexanderplatz
Weltzeituhr
Rotes Rathaus
Nikolaikirche
Nikolaiviertel
Ephraim-Palais
Historischer Hafen

♦ Start: Weltzeituhr

Wie kommst du zum Start?
♦ BVG: S5, S7, S75, S9 Alexanderplatz; U2, U5, U8 Alexanderplatz ♦ Auto: Unterirdisches Parkhaus am Alexanderplatz

Alexanderplatz

Der Alexanderplatz, von den Berlinern liebevoll »Alex« genannt, ist eine Großstadtlegende. Er war ein Platz für die kleinen Leute. Ein weltberühmter Roman wurde nach ihm benannt: »Berlin Alexanderplatz« von Alfred Döblin. Allerdings würde die Hauptperson des Buches, Franz Bieberkopf, seinen Alex heute nicht wiedererkennen.

Außer dem Alexander- und dem Berolinahaus stammt die Bebauung des Platzes aus DDR-Zeiten. Siehst du den Bil-

derfries am Haus des Lehrers? Hier haben früher Lehrer gelernt. Der Platz bildete das Stadtzentrum von Ost-Berlin. Heute plätschert noch der Brunnen der Völkerfreundschaft, und die zehn Meter hohe Weltzeituhr ist nach wie vor beliebter Treffpunkt für Verabredungen.

Herr Piefke erinnert sich an die größte Kundgebung der DDR-Geschichte. Am 4. November 1989 riefen auf dem Alexanderplatz 500 000 DDR-Bürger: »Demokratie, jetzt oder nie!« Fünf Tage später fiel die Berliner Mauer.

Es ist gar nicht so leicht, die Weltzeituhr zu lesen. Was zeigt sie an?

☐ Die Uhrzeit an anderen Orten dieser Erde.

☐ Wie schnell sich die Erde in einer Stunde dreht.

Fernsehturm

Der mutige Herr Piefke will gern hoch hinaus: Im Berliner Westen gibt es einen kleinen, älteren Bruder des Fernsehturms, den Funkturm. Er ist zwar mit Antenne nur 150 Meter hoch, dafür aber über 80 Jahre alt. Als man ihn 1926 eröffnete, war seine 400 Tonnen schwere Stahlkonstruktion eine Sensation.

Der Fernsehturm ist unfassbar hoch: 368 Meter bis zur Antennenspitze. Er ist das höchste Bauwerk nicht nur von Berlin, sondern von ganz Deutschland. Auf der Liste der höchs-

Die . . . . ist fast in der ganzen Stadt zu sehen.

Die . . . . ist mit Stahlplatten verkleidet.

Auf 203 Meter Höhe befinden sich das

. . . . und die

. . . .

Der . . . . ist 250 Meter hoch.

Im Innern des Betonschafts bringen zwei

. . . . die Besucher zur Aussichtsplattform und zum Café.

ten Gebäude der Welt steht er auf Platz 38. Kannst du dir vorstellen, dass der Wind kräftig um die Antennenspitze pfeift? Sie schwankt bei starker Brise um einen halben Meter.

Auf über 200 Metern Höhe dreht sich das Telecafé um die eigene Achse. Toller Blick: ameisenkleine Autos, spielzeuggroße Häuser. Die Pioniere sangen zu DDR-Zeiten: »Der Fernsehturm ist groß und schlank und hat ein Bäuchlein blitzeblank, da ist kein Magen drin, nee, nee, sondern ein Fernsehturmcafé.«

Bis vor ein paar Jahren konnte sich jedes Kind merken, wie hoch der Fernsehturm ist. Wie viele Tage hat das Jahr?

. . . .

1997 hat man die Antenne um drei Meter verlängert. Heute misst der Fernsehturm bis zur Antennenspitze

. . . . Meter.

Rotes Rathaus

Im Schatten des Fernsehturms liegt das Rote Rathaus. Du erkennst es an der rötlichen Farbe seiner Backsteinfassade. Hier hat der Regierende Bürgermeister von Berlin seinen Sitz.

Marienkirche

Gegenüber vom Rathaus steht die Marienkirche. Sie ist die zweitälteste Kirche Berlins. Der umliegende mittelalterliche Stadtkern wurde im Zweiten Weltkrieg zerstört. Am Eingang der Kirche steht ein weißes Steinkreuz. Es erinnert an die Ermordung des Propstes Nikolaus von Bernau vor etwa 700 Jahren. Er forderte von den Berlinern höhere Steuern. Einige ärgerten sich in ihrer Not so sehr, dass sie den Propst im Aufruhr erschlugen. Zur Strafe durften die Berliner zwanzig Jahre nicht zur Kirche gehen.

Warum sind im Sühnekreuz vor der Marienkirche fünf Löcher?

☐ Hier war eine Halterung für ein ewiges Licht befestigt.

☐ Wenn ein Kind mit allen fünf Fingern einer Hand gleichzeitig in die Löcher des Steinkreuzes greift, dreht sich die Marienkirche einmal um sich selbst.

Nikolaiviertel

Vor beinahe 800 Jahren wurden in alten Urkunden die Namen zweier Dörfer erwähnt: Cölln und Berlin. Sie lagen einander gegenüber an der Spree. Da hier der Fluss besonders flach war, durchquerten Kaufleute mit Pferd und Wagen mühelos das Wasser. Mit

Der pfiffige Herr Piefke kennt sich in Geldangelegenheiten aus. Friedrich der Große machte wegen seiner Kriege viele Schulden. Er beauftragte den Bankier Ephraim, Falschgeld anzufertigen. Diese Münzen wurden »Ephraimiten« genannt. Eigentlich hätten sie »Friedrichiten« heißen müssen.

der Zeit entstanden Marktplätze, Kirchen und Gasthäuser. Nach und nach entwickelte sich aus diesen beiden Siedlungen das heutige Berlin. Das Nikolaiviertel wurde im Krieg völlig zerstört und pünktlich zum 750. Geburtstag der Stadt neu aufgebaut. Drei Gebäude haben die Zeit original überstanden. Das Ephraim-Palais wurde vor 250 Jahren für den Bankier Ephraim erbaut. Nach dem Krieg wurde die »schönste Ecke Berlins« etwa 13 Meter von seinem ursprünglichen Ort entfernt wie ein Puzzle aus 2500 Einzelteilen wieder zusammengesetzt.

Nikolaikirche

Die Nikolaikirche ist das älteste erhaltene Bauwerk Berlins. Die riesige Metallplatte vor dem Eingang der Kirche stellt das erste Siegel der Doppelstadt dar.

Welches Tier entdeckst du dort?

. d . . .

Der Bär kämpfte lange mit dem Brandenburger Adler um den Platz im Berliner Wappen. Der Bär hatte Glück, dass der Name »Berlin« so ähnlich klingt wie sein eigener. Denn der »trockene Ort im Sumpf« an der Spree wurde bereits von Slawen »Berlin« getauft.

Der letzte Riese

Einst lebte in den Müggelbergen der letzte Riese. Er war einsam und sehnte sich nach einer Frau. So schnappte er sich die erste schöne Berlinerin, die ihm begegnete, und schleppte sie in seine Höhle. Der Verlobte des Mädchens zog los, um seine Braut zu befreien. Aber was tat die Berlinerin? Fleißig kochte sie dem Riesen etwas Leckeres. Als er von der ungewohnt guten Mahlzeit müde wurde, durfte er seinen großen, dicken Kopf in den Schoß der kleinen Frau legen, bis er laut zu schnarchen anfing. Das hörte der Verlobte, und er überfiel den letzten Riesen und erschlug ihn. Auf seine Tat war er so stolz, dass er zum Beweis eine Rippe und ein Schulterblatt des Riesen mit nach Berlin nahm.

Die Knochen wurden an die Wand eines Gasthauses gehängt. Findest du das mittelalterliche Hauszeichen im Nikolaiviertel? Wie heißt die Gaststätte?

Der zierliche Herr Piefke findet Riesen großartig. Er weiß, dass sich die Berliner die Sage »Vom letzten Riesen aus den Müggelbergen« seit dem Mittelalter erzählen. Damals wussten die Menschen nicht, dass es sich um Knochen eines prähistorischen Walfisches handelte, der in der letzten Eiszeit in die Berliner Region gelangte.

▶ **Hunger / Durst?**
Solino, Poststraße 13–14: Bambini-Pizza – Kantine im **Roten Rathaus**: Mittagstisch für 3 bis 4 € – **Nussbaum** im Nikolaiviertel: wie zu Zilles Zeiten, Kneipenmilieu

▶ **WC:**
Toilette auf dem Marx-Engels-Forum

▶ **Museen:**
Märkisches Museum und **Museum Nikolaikirche** – Workshops und Schülerführungen zu Themen der Stadtgeschichte, ab 30 €, Infoline 240 02-162, www.stadtmuseum.de. Hier wohnen auch Schnute und Maxi – zwei lebendige Wappentiere mitten in der Stadt. – **Heinrich-Zille-Museum**, Propststraße 11, Einblick ins Berliner »Milljöh«, Di–So 11–18 Uhr, im Sommer bis 19 Uhr

▶ **Bootsfahrten:**
Anleger am **Marx-Engels-Forum** und am **Historischen Hafen**, Märkisches Ufer

Höfe, Gassen und Erinnerungen
Rund um den Hackeschen Markt

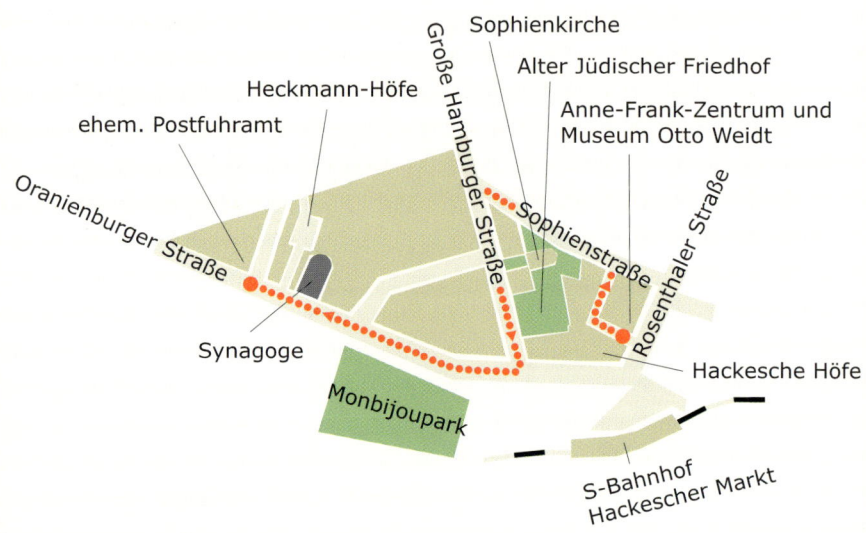

- Sophienkirche
- Alter Jüdischer Friedhof
- Anne-Frank-Zentrum und Museum Otto Weidt
- Große Hamburger Straße
- Heckmann-Höfe
- ehem. Postfuhramt
- Oranienburger Straße
- Sophienstraße
- Rosenthaler Straße
- Synagoge
- Hackesche Höfe
- Monbijoupark
- S-Bahnhof Hackescher Markt

Der fröhliche Herr Piefke blickt Heinrich Zille über die Schulter. Der »Pinsel-heinrich« hat viele arme Leute gezeichnet, doch dabei nie verlernt zu lachen: »Jibt dir det Leben mal een Puff, dann weine keene Träne. Lach dirn Ast und setz dir druff und baumle mit de Beene.«

♦ **Start:** Hackesche Höfe

Wie kommst du zum Start?
♦ **BVG:** S5, S7, S75, S9 Hackescher Markt; U8 Weinmeisterstraße ♦
Auto: Parkhaus Hackescher Markt

Vor etwa 100 Jahren hatte sich die Einwohner-zahl Berlins in dreißig Jahren verdreifacht. Für die armen Leute mit vielen Kindern wurden riesige Wohnanlagen mit mehreren Hinterhöfen errichtet. Oft wohnte eine Familie zusammen in einem Zimmer, Gemeinschaftstoilette im Trep-penhaus und ohne fließend Wasser. Wer Geld brauchte, vermietete sein Bett an einen der vielen armen Schlucker, die tagsüber schliefen, weil sie nachts arbeiteten.

Hackesche Höfe

Dagegen ging es in den Hackeschen Höfen luxuriös zu. Die Wohnungen waren groß und hell, hatten Balkon und Parkett und – das Beste – eine Toilette in der Wohnung.

Um 1870 lebten etwa 900 000 Menschen in der Stadt. In 30 Jahren verdreifachte sich die Bevölkerung. Wie viele Einwohner zählte Berlin um 1900?

. . . . X

. . . . =

. . . .

Hof I mit seinen buntglasierten Ziegelwänden ist so elegant wie einst. Heute kann man in den Hackeschen Höfen ins Kino oder Varieté gehen, essen und trinken, schicke Sachen kaufen, und man kann von hier aus eine Abkürzung in die Sophienstraße nehmen.

Viele Einwanderer aus Osteuropa, oft jüdischen Glaubens, zogen in die Gegend am Rosenthaler Tor, dem einzigen Stadttor, durch das Juden Berlin betreten durften.

Das Judentum gilt als die älteste Weltreligion. Wie heißen die beiden anderen Weltreligionen, deren Gläubige zu einem Gott beten?

C h . . . te . t . m

Is . . . m

Die Zeit von 1933 bis 1945 stand unter der Schreckensherrschaft Hitlers. Die National-

sozialisten verfolgten alle, die anders dachten oder waren als sie, vor allem Juden. Hitler und seine Anhänger ermordeten Millionen jüdische Kinder, Männer und Frauen.

In der Rosenthaler Str.

Das Jüdische Museum in Kreuzberg zeigt 2000 Jahre jüdisch-deutscher Geschichte, hier kann man mehr über das Judentum erfahren. Es gibt eine Ausstellung zum Mitmachen und ein Kinderprogramm. Ab 16 Uhr in der Woche ist das Gedränge nicht groß. Mo 10–22 Uhr, Di–So 10–20 Uhr.

Hitler und seine Anhänger versuchten, die Juden und ihre Kultur aus Deutschland zu verdrängen. Doch sie haben Spuren hinterlassen. Auch in der deutschen Sprache.

»Kafar« heißt auf Hebräisch kleines Dorf. Wir sagen dazu

K . . f

»Schtus« heißt Dummheit. Kennst du Leute, die manchmal

S t . . s reden?

39 befindet sich das Anne-Frank-Zentrum. Das Leben des jüdischen Mädchens Anne, das sich vor den Nationalsozialisten verstecken musste, ist einfühlsam dokumentiert. Die Ausstellung ist für Kinder ab zehn Jahren konzipiert.

Es gab auch mutige Menschen, die den Juden halfen. In dem kleinen Museum im Hinterhof des Anne-Frank-Zentrums erfährst du etwas über den Bürstenbinder Otto Weidt. Er rettete einigen seiner blinden Mitarbeiter, die du auf dem Foto siehst, das Leben. Das Museum bietet ein pädagogisches Programm für Schulkinder ab 5. Klasse an.

Herr Piefke kennt die grausamen Gesetze, die den Juden das Leben in Deutschland zur Hölle machten. Zum Beispiel durften sie nicht in öffentliche Schwimmbäder, und jüdische Kinder durften nicht dieselbe Schule besuchen wie Nichtjuden. Die Eltern durften ihren Beruf nicht mehr ausüben. Juden wurden gezwungen, einen gelben Stern an der Kleidung zu tragen, damit man sie kontrollieren konnte.

Große Hamburger Straße

Dein Weg führt dich durch ein Viertel, in dem, vor der Zeit der Nationalsozialisten, Menschen friedlich zusammenlebten und ihren Berufen nachgingen.

Die Große Hamburger Straße hatte vor dem Zweiten Weltkrieg einen schönen Spitznamen. Welchen?

☐ Streitstraße   ☐ Toleranzstraße

☐ Hick-Hack-Straße

Alter Jüdischer Friedhof

An der Großen Hamburger Straße liegt ein kleiner Park.

An diesem Ort war einst der Alte Jüdische Friedhof. Fast alle 3000 Gräber wurden von den Nationalsozialisten zerstört. An der Friedhofsmauer findest du wenige erhaltene Grabplatten. Hier liegt der Bankier Ephraim begraben, dem du im Nikolaiviertel begegnet bist. Für den Freidenker Moses Mendelssohn stellte die jüdische Gemeinde wieder einen Grabstein auf. Schon vor über 200 Jahren kämpfte er dafür, dass Christen und Juden sich besser verstehen. Mendelssohn hat die erste deutsche Fibel für jüdische Kinder geschrieben, die vorher nur hebräisch schreiben und lesen lernten. Er meinte: Ohne gemeinsame Sprache kann man sich nicht verständigen.

Der weitgereiste Herr Piefke weiß, warum die Juden einen Stein zum Gedenken auf die Gräber legen. Das ist ein jahrtausendealter Brauch. Er entstand in der Wüste, weil Blumen bei der Hitze schnell welken.

Gedenkstätten in ganz Deutschland erinnern an die Verbrechen der Nationalsozialisten. Auf der Gedenktafel am Alten Jüdischen Friedhof steht:

VERGESST DAS NIE
WEHRET DEM KRIEG
HÜTET DEN FRIEDEN

Das Versammlungshaus der jüdischen Gemeinde befindet sich in der Oranienburger Straße.

Herr Piefke ist bestürzt. Er liest in der Zeitung, dass Deutsche wieder jüdische Denkmäler beschädigen. Es gibt immer noch Menschen, die Juden bedrohen. Deswegen müssen Schulen, Geschäfte und Synagogen von der Polizei bewacht werden. Herr Piefke wünscht sich, dass Juden irgendwann in Frieden leben können.

. y n . . o g .

kommt aus dem Griechischen und bedeutet auf Deutsch »Versammlung«.

Die Synagoge wurde im Krieg zerstört. Erst vor wenigen Jahren hat man Teile des vorderen Bereiches wiederaufgebaut, und die schöne Kuppel glitzert über den Dächern. Dahinter erinnert eine weiße Kiesfläche daran, dass hier einst das Hauptschiff der größten Synagoge Deutschlands stand.

Die 300 Pferde, die in den Ställen im Hof des prächtigen Ziegelstein-palastes Tucholsky- /Ecke Oranienburger Straße untergebracht waren, übernahmen eine wichtige Aufgabe. Welche war das?

☐ Sie mussten nach starkem Regen alle Pfützen leer saufen.

☐ Sie brachten den Berlinern ihre Post.

Das Gebäude ist das ehemalige .   .   .   . - Fuhramt.

Lecker-Garantie gibt es bei der Bonbonmacherei in den Heckmann-Höfen: 30 Bonbonsorten werden wie vor 100 Jahren auf dem Feuer gekocht. Mi–Sa 12–20 Uhr. Sommerpause von Juli bis August, Winterpause von Weihnachten bis Mitte Januar.

▶ **Hunger/Durst?**
Bäckerei Balzer, Sophienstraße 30: gibt es seit 80 Jahren, spitze! – **Beth Café**, Tucholskystraße 40: In diesem Restaurant wird »koscher« gekocht, das heißt nach den jüdischen Speisevorschriften.

▶ **Spielplatz:**
Hof IV in den Hackeschen Höfen: klein, aber gut für eine Pause

▶ **Baden:**
Kinderbad Monbijou im Monbijoupark: Freibad mit besonderem Konzept, Kinder haben Vorrang. Geöffnet im Sommer 11–19 Uhr, im Hochsommer ab 10 Uhr

▶ **Einkaufen:**
o.k . – Alltagsgegenstände aus aller Welt, Alte Schönhauser Straße 36–37 – **bubble.kid**, Rosa-Luxemburg-Straße 7: setzt Trends entgegen rüschiger Massenware

▶ **Puppentheater:**
Theater Firlefanz – Preußisches Marionettentheater, Sophienstraße 10

Grenzen checken
Berliner Mauer

Ballon   Info-Mauer

Zimmerstraße

Checkpoint Charlie

Mauerrest   Museum

♦ Start: Checkpoint Charlie

Wie kommst du zum Start?
♦ BVG: U2 Stadtmitte, U6 Kochstraße ♦ Auto: Parkstreifen Zimmerstraße, Parkhaus Zimmerstraße 68

Der Checkpoint Charlie war ein Grenzübergang zwischen Ost- und West-Berlin. Hier stand einst die Berliner Mauer.

Der kluge Herr Piefke weiß, warum man den ehemaligen dritten Übergang zwischen dem amerikanischen und dem russischen Sektor Checkpoint Charlie nannte: »Charlie« ist nach »Alpha« und »Bravo« der dritte Buchstabe in der amerikanischen Buchstabiertafel.

Berliner Mauer

Die Mauer war das traurigste Bauwerk Berlins.
Heute ist sie verschwunden, und keiner ist unglücklich darüber.

Sie bildete einen 155 Kilometer langen Ring
um den Westteil der Stadt und trennte damit
Berlin in zwei Teile: in Ost- und West-Berlin.
Wie eine Insel lag West-Berlin im Gebiet der
damaligen DDR.

Über viele Mauern kann man rüberklettern,
über diese konnte man es nicht. So sah die
Mauer aus.

geteiltes Berlin

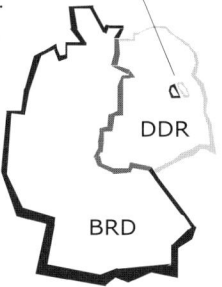

geteiltes Deutschland

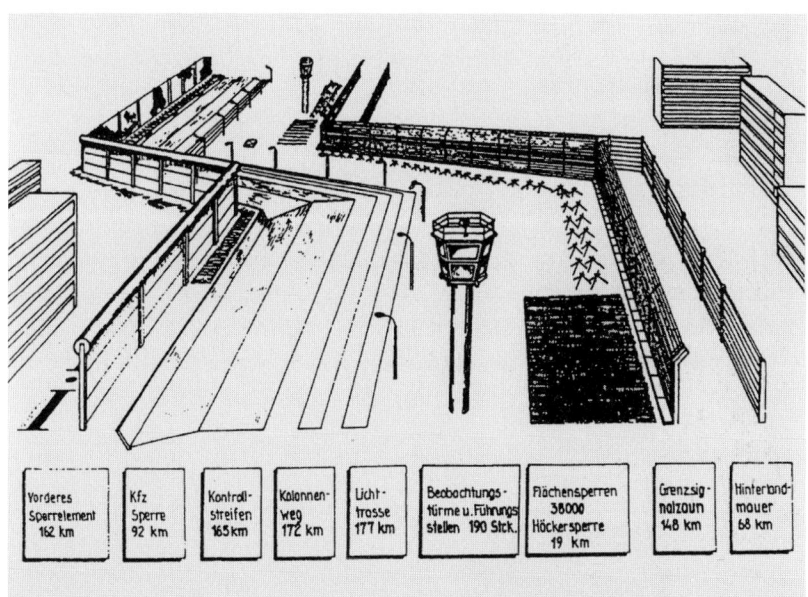

| Vorderes Sperrelement 162 km | Kfz Sperre 92 km | Kontroll- streifen 165 km | Kolonnen- weg 172 km | Licht- trasse 177 km | Beobachtungs- türme u.Führungs stellen 190 Stck. | Flächensperren 38000 Höckersperre 19 km | Grenzsig- nalzoun 148 km | Hinterland- mauer 68 km |

Nachdem Deutschland 1945 den Krieg verloren
hatte, wurde die Stadt Berlin in vier Teile ge-
teilt. Die alliierten Siegermächte übernahmen
die Verwaltung jeweils eines sogenannten Sek-
tors.

Die westlichen Siegermächte und Russland waren
sich nicht einig und stritten auch in Berlin über
Grenzen und Politik. Daraus entwickelte sich der
Kalte Krieg.

1 Heimat von David Beckham
2 Wo regierten einst die Zaren?
3 Woher stammt McDonald's?
4 Wo steht der Eiffelturm?

Der friedliche Herr Piefke ist froh, dass der Kalte Krieg vorbei ist. Dieser Streit zwischen Ländern im Westen und im Osten wurde nicht mit Waffen ausgetragen. Wirtschaftlicher Druck, Wettrüsten und wüste Beschimpfungen bedrohten jahrelang den Weltfrieden.

So wie auf dem Foto, das du unten siehst, sah es am Checkpoint Charly früher aus. Dort arbeiteten damals echte Spione vom amerikanischen Geheimdienst CIA und dem russischen Geheimdienst KGB. Von ihren gegenüberliegenden Quartieren versuchten sie ständig, den Gegner auszuspionieren.

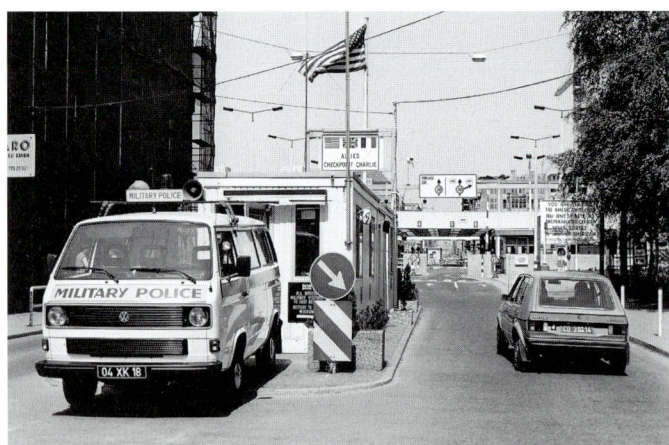

Die Bevölkerung im Ostteil litt unter der strengen russischen Verwaltung. Immer mehr Menschen wollten im Westteil wohnen, weil sie sich dort ein besseres Leben versprachen. Um zu verhindern, dass viele aus dem Osten in den Westen flüchteten, ordnete die Regierung der DDR an, Ost-Berlin abzuriegeln.

Mauerbau

Am 13. August 1961 wurde mit dem Bau der Mauer begonnen. Der S-Bahnverkehr wurde eingestellt, keiner durfte mehr von Ost- nach West-Berlin. Die Menschen waren sehr unglücklich. Familien wurden getrennt, Liebespaare und Freunde konnten sich nicht mehr treffen.

Der sensible Herr Piefke erinnert sich an John F. Kennedy. Als der amerikanische Präsident am Checkpoint Charlie über die Mauer blickte, tat er etwas, was Politiker nur selten machen: Er schwieg. In einer Rede vor dem Schöneberger Rathaus zeigte er sein Mitgefühl für die Berliner mit dem Satz: »Ich bin ein Berliner.«

Es wurde immer schwieriger, in den Westteil zu flüchten. DDR-Bürger erhielten ein Reiseverbot.

Viele Ost-Berliner wollten sich mit der Mauer nicht abfinden. Sie entwickelten eine unglaubliche Fantasie, um sich abenteuerliche Fluchtwege auszudenken. Manchen gelang die Flucht, auch deshalb, weil ihnen mutige Menschen aus dem Westen halfen.

Es war lebensgefährlich zu fliehen, weil die Grenzsoldaten auf Flüchtende schießen mussten.

Wenn du wissen willst, wie die Menschen in der DDR lebten, kannst du das DDR-Museum in der Nähe vom Berliner Dom besuchen. Karl-Liebknecht-Str. 1, geöffnet Mo–So 10–20 Uhr, Sa bis 22 Uhr.

Was unternahmen die Menschen, um die Mauer zu überwinden?

Einige gruben **T . . n . l**

Einer floh über die Ostsee auf einem

S . r f b . e . t

Zwei Familien überfuhren die Grenze mit einem

H . . ß l . . t b . . l o .

Wie bist du nach Berlin gekommen? Du konntest dir deine Reiseroute aussuchen.

Das war zu Zeiten der Mauer für Westdeutsche anders. Sie durften die DDR nur auf bestimmten Transitstrecken durchqueren. Man durfte außerdem nur an ausgewiesenen Stellen anhalten.

An den Grenzübergängen West-Berlins musste man lange Wartezeiten in Kauf nehmen und unangenehme Kontrollen über sich ergehen lassen.

Die Ausreise war für DDR-Bürger nur mit Sondergenehmigungen möglich. Damit waren immer mehr Menschen unzufrieden. Der Widerstand der Bevölkerung gegen die Regierung wurde so stark, dass am 9. November 1989 die Grenzen geöffnet wurden. Tausende strömten daraufhin in den Westen. Tagelang feierten Ost- und West-Berliner gemeinsam den Fall der Mauer.

Du erkennst den einstigen Verlauf der Mauer an dem Kopfsteinpflasterband in der Zimmer-

Herr Piefke hatte einen guten Freund, Willy. Der Regierende Bürgermeister von Berlin (1957–66), Willy Brandt, leitete die Entspannungspolitik ein und führte sie als Bundeskanzler (1969–74) fort. Dafür erhielt er 1971 den Friedensnobelpreis. Er sagte: »Es wird zusammenwachsen, was zusammengehört.«

Herr Piefke mag Gorbi. Der ehemalige russische Präsident Michail Gorbatschow, dessen Politik der Öffnung die deutsche Wiedervereinigung begünstigte, erhielt 1990 den Friedensnobelpreis. Jedes Jahr am 3. Oktober feiert das wiedervereinigte Deutschland den »Tag der deutschen Einheit«.

Willst du noch mehr von der Mauer sehen? Dann besuche die Gedenkstätte Berliner Mauer in der Bernauer Straße. Dort ist ein Teil des ehemaligen Grenzstreifens originalgetreu erhalten. Dokumentationszentrum: April–Oktober 9.30–19 Uhr, November–März 9.30–18 Uhr, die Gedenkstätte kannst du jederzeit besuchen.

straße. Wenn du über den Streifen hüpfst, überspringst du die ehemalige Berliner Mauer. An der Ecke zur Wilhelmstraße kannst du noch ein Stück Originalmauer sehen.

Warum sieht die Berliner Mauer hier so angeknabbert aus?

☐ Es pflegt sie keiner mehr, deswegen fängt sie an zu rosten.

☐ Mauerspechte trieben ihr Unwesen.

Mal deinen Mauerspecht!

Der neugierige Herr Piefke hat Mauerspechte beobachtet. Nach der Öffnung der Grenze rückten Berliner der Mauer mit Hammer und Meißel auf den Leib. Die herausgeschlagenen Stücke der Mauer hob man zur Erinnerung auf.

▶ Hunger / Durst?
Bistro Groß, Kochstraße 59: leckere Kleinigkeiten –
Kantine im Abgeordnetenhaus, Niederkirchnerstraße 5:
auch für Nichtpolitiker, Mittagstisch, gut und günstig – Ristorante
Sale e Tabacchi, Kochstraße 18: große Innenhof-Terrasse

▶ WC:
Wilhelmstraße, Ecke Zimmerstraße neben dem Heißluftballon –
Im Abgeordnetenhaus

▶ Aussicht:
Air Service Berlin: Blick aus 150 Metern Höhe über ganz Berlin
im Fesselballon, Zimmerstraße / Wilhelmstraße, Familienticket: 49 €,
Einzelticket: 19 €

▶ Museum:
Mauermuseum im »Haus am Checkpoint Charlie«, Friedrichstraße 43–45:
kuriose, selbstgebaute Fluchtfahrzeuge, täglich 9–22 Uhr

Glitzernde Fassaden
Potsdamer Platz

Potsdamer Platz

Leipziger Platz

Sony Center

schnellster Aufzug Europas

Staatsbibliothek

historische Ampel

Weinhaus Huth

Tilla-Durieux-Park

Marlene-Dietrich-Platz

♦ **Start:** Potsdamer Platz, Ecke Ebertstraße

Wie kommst du zum Start?
♦ **BVG:** S1, S2, S25 Potsdamer Platz; U2 Potsdamer Platz ♦ **Auto:** Parkhaus Potsdamer Platz Arkaden

Der interessierte Herr Piefke hat sich damals die **Baustelle** angeschaut. Noch nie hat er so viele Kräne gesehen. Die Baugrube stand voll Wasser. Für die Arbeiten in den Untergeschossen wurden Taucher hinuntergeschickt und Schwimmbagger eingesetzt. Die Baggerführer mussten ein Kapitänspatent besitzen, in der Baugrube galt das Seerecht.

Am Potsdamer Platz ist ein neues Stadtviertel entstanden. Modern, mit Hochhäusern, 3-D-Kinos und dem schnellsten Aufzug Europas. Aber wie kann das sein? Warum hatte man mitten in der Stadt dafür Platz?

Die Berliner Mauer verlief auch über den einst dichtbebauten Potsdamer Platz, der im Krieg zerstört worden war. Der unbebaute Bereich hinter der Mauer, den man Todesstreifen nannte, war besonders breit. Kein Mensch, außer den Grenzsoldaten, durfte ihn betreten. Nur Kaninchen und seltene Pflanzen lebten ungestört im Niemandsland.

Als 1989 die Mauer fiel, wurde es für Kaninchen ungemüt-
lich. Das Gelände war auf einmal viel Geld wert und sollte
nicht länger brachliegen. Die größte Baustelle Europas entstand.

Wann sind die Bilder entstanden?

Januar 1996   Juli 2003   Januar 1993

Kaisersaal und Sony Center

Die Bauten am Potsdamer Platz stellten die Ingenieure vor manch schwierige Aufgabe. Der Kaisersaal, einer der letzten erhaltenen Teile des
alten Hotels Esplanade, stand an einer Stelle, wo
gebaut werden sollte. So musste er umziehen.
Das Prachtstück wurde angehoben und auf Luft-
kissen um 75 Meter verschoben, das sind drei
Schwimmbadlängen hintereinander.

Der lebens-
lustige Herr
Piefke erinnert sich, dass am
Potsdamer Platz vor dem Krieg
das größte Restaurant der Welt
stand. Das Haus Vaterland hatte
Platz für 2500 Leute.

Warum heißt der Saal aus dem alten Hotel Esplanade
»Kaisersaal«?

☐ In diesem Raum durfte nur der Kaiserwalzer
getanzt werden.

☐ Hier traf sich Kaiser Wilhelm II. mit seinen
Freunden.

Man gab sich Mühe, die Reste des riesigen Luxus-
hotels zu bewahren. Der Kaisersaal und zwei
weitere Fragmente des Hotels sind die letzten
Zeugnisse einer vergangenen Epoche. Am Potsdamer Platz logierten vor dem Zweiten Weltkrieg die
Stars, und in den vielen Restaurants und Cafés war
immer etwas los.

Die geborgenen Teile des alten Hotels Esplanade baute man in das große neue Glasgebäude ein. Das ist das Sony Center. Du erkennst es an dem riesigen Dach.

Das Dach soll den schneebedeckten Gipfel des Fujiyama darstellen. Das ist ein Berg in der Heimat des Bauherren Sony. Woher kommt Sony?

Rheda-Wiedenbrück ☐   Japan ☐

Marlene-Dietrich-Platz

Am Marlene-Dietrich-Platz trifft sich einmal im Jahr die Glitzerwelt des Films. Im Februar, zur Berlinale, den Internationalen Filmfestspielen, wird hier der rote Teppich für Filmstars aus der ganzen Welt ausgerollt, die ihre neuesten Filme dem Publikum vorstellen.

Während der Berlinale findet auch das Kinderfilmfest statt. Eine Kinderjury vergibt die Gläsernen Bären für die besten Filme. Termine, Karten etc. sind im Internet zu finden.

Weinhaus Huth

Fällt dir zwischen den vielen Neubauten das alte Haus auf? Das ist das Weinhaus Huth. Es hat Krieg, Mauer und Großbaustelle überlebt. Hier wohnte 27 Jahre lang Frau Klinke. Vor ihrem Haus stand ein kleiner Baum.
Frau Klinke erzählt: »Mein ganz persönlicher Baum. Als ich zum Potsdamer Platz zog, war es ein kleines Bäumchen. Ich habe es immer gegossen.«

Herr Piefke erzählt keine Märchen: Es war einmal ... Lange Zeit vor Frau Klinke lebten zwei Brüder. Sie wohnten am Potsdamer Platz, sammelten Märchen und schrieben sie auf. Jedermann nennt sie die Gebrüder Grimm.

Hast du Lust, den Potsdamer Platz von oben anzuschauen? Dann fahr mit dem schnellsten Aufzug Europas in 8,5 Metern pro Sekunde auf 90 Meter Höhe. Das ist schneller als der freie Fall. Dort findest du auch eine Ausstellung über die Baustelle (Potsdamer Platz 1).

Historische Ampel

Vor 100 Jahren tobte auf der Kreuzung Potsdamer Platz der Verkehr. Viele Berliner fanden das toll: »Wie da von allen Seiten Verkehrsströme heranbrausen, die Elektrischen, die Autos, die hastend nach ihrem Ziel hingepeitschten Menschen ...«

Um das Chaos zu regeln, stellte man eine Ampelanlage auf. Es war die erste Ampel in ganz Europa. Allerdings war man unsicher, ob alle die Lichtsignale beachteten. So saß oben in der Kanzel weiterhin ein Polizist und regelte den Verkehr.

Weil heute kein Verkehrspolizist oben in der Kanzel sitzt, hat man beim Nachbau der Ampel etwas weggelassen. Was fehlt?

· ·

· ·

· ·

An der Ebert-
straße sind noch
Stücke der Mauer und Fotos
aus der Zeit zu sehen.

▶ Hunger/Durst?
Café Josty: in den denkmalgeschützten Teilen des Grand
Hotel Esplanade – Potsdamer Platz Arkaden: Angesagtes
Eiscafé im ersten Stock – Viele Imbisse im Untergeschoss der
Arkaden: günstig, Mister Clou mit frisch gepressten Obstsäften –
Brasserie Desbrosses im Hotel Ritz-Carlton: chic, Spielecke für
Kinder – Picknick im Tilla-Durieux-Park

▶ WC:
UG Sony Center und Potsdamer Platz Arkaden

▶ Kino:
IMAX, 3D, Potsdamer Platz, Kinder 7,50 €, Dienstag Kinotag, Reservie-
rungen und Tickets: www.cinestar-imax.de – Cinemaxx, Potsdamer
Platz, Kinder 5 €, Sonntag Familientag, Do/Mo/Mi Kinotage, Reservie-
rung: www.cinemaxx.de

▶ Spielen:
Legoland Discovery Centre im Sony Center: interaktive Lego-Welt für
alle Fans der bunten Steinchen

▶ Rodeln/Schlittschuhlaufen:
Winterwelt am Potsdamer Platz ab November: Rodeln auf der größten
mobilen Rodelbahn Europas

Königliches Zuhause
Charlottenburger Schloss

Belvedere
Mausoleum
Schinkel-Pavillon

Neuer Flügel
Großer Kurfürst

Schloss

Schloßstraße

Der findige Herr Piefke weiß, dass Friedrich und seine Frau getrennt lebten. Der König fuhr gerne mit dem Boot über die Spree, wenn er Sophie Charlotte besuchte. Auf dem Landweg vom Stadtschloss bis zur Lietzenburg misst man 7,532 Kilometer. So wurde das Maß einer Preußischen Meile festgelegt. Ein Meilenstein steht immer noch gegenüber vom Schloss Charlottenburg.

♦ **Start:** vor dem Schloss

Wie kommst du zum Start?

♦ **BVG:** U7 Richard-Wagner-Platz ♦ **Auto:** Parkplätze vor dem Schloss

Charlottenburger Schloss

Vor den Toren Berlins wurde vor etwa 300 Jahren
ein kleines Sommerschloss gebaut.

Das Schloss lag nahe des Dorfes Lietzow und wurde früher

L . . t z . n b . . g genannt.

Das Schlösschen wurde von der lebenslustigen
Sophie Charlotte bewohnt. Nach ihrem Tod
ließ ihr Mann Friedrich das Schloss umbe-
nennen.

Das Schloss gibt dem heutigen Stadtteil seinen Namen:

. h . . l o . . . n b . . .

Die Herrscher dieser Zeit betrachteten sich
als die wichtigste Person im Land. Das wollten sie auch mit ihren Bauten zeigen.
Der König folgte mit dem Ausbau der kleinen Lietzenburg dem Trend der Zeit: einem
Schloss nach französischem Vorbild.

Der muntere Herr
Piefke kennt sich nicht
nur in Berlin aus. In der
Nähe von Paris ließ der
französische König Ludwig
der XIV. ein riesiges Barock-
schloss errichten: Versailles.
Europäische Könige und
Fürsten, auch Friedrich,
fanden Versailles so chic,
dass sie versuchten, es nach-
zubauen.

Das Charlottenburger Schloss ist im Laufe der folgenden Jahrhunderte weiter vergrößert worden. Schließlich erreichte es eine gewaltige Länge von über einem halben Kilometer.

Wenn du dich genau in die Mitte vor das Schloss stellst, kannst du gut die schnurgerade Achse erkennen. Das ist typisch für den Barock.

Schätze, welche Länge das Schloss hat.

303 Meter ☐   505 Meter ☐   707 Meter ☐

Das Reiterstandbild erzählt

Ich bin über 300 Jahre alt. Der Künstler Andreas Schlüter hat mich, den Großen Kurfürsten, aus einem einzigen Stück Bronze gegossen. Ich bin sehr schwer, aber so ist es nun einmal mit gewichtigen Menschen. Mein Platz war ursprünglich neben dem Stadtschloss. Im Zweiten Weltkrieg fürchtete man, dass mich Bomben zerstören könnten. Also war ich froh, als man meine Wenigkeit und andere Figuren aus der Innenstadt auslagerte. So haben viele von uns den Bombenhagel wohlbehalten überstanden.

Ich ahnte ja nicht, was mir noch bevorstand. Als der Krieg vorbei war, sollte mich ein Lastenkahn über die Havel wieder nach Berlin bringen. Aber ich war zu schwer: Der Kahn versank mit meiner Last im Tegeler Hafen. Mir blieb nichts anderes übrig, als auf Rettung zu warten. Fische leisteten mir zwar Gesellschaft, aber ich war froh, als man mich drei Jahre später bergen konnte. Seitdem stehe ich stolz im Ehrenhof des Charlottenburger Schlosses.

Eine Innen-
besichtigung
des Charlottenburger
Schlosses lohnt sich. Den
Neuen Flügel kann man selb-
ständig und ohne Führung
erkunden. Er ist fast originalgetreu wiederhergestellt und
gibt Einblick in die prächtigen
königlichen Privaträume.

Auf der Kuppel dreht sich eine goldene Dame,
die Fortuna. Sie bringt Glück,
muss aber noch etwas anderes
erledigen. Sie zeigt die

Die Hohenzollernkönige hatten es gut. Sie konnten wählen, in welchem Schloss sie wohnten. Das Charlottenburger Schloss war beliebt, weil es abseits lag, hell und freundlich ist.

Schlosspark

Der Park erstreckt sich hinter dem Schloss. Er war der erste barocke Schlossgarten nach französischem Vorbild in Deutschland. Im Barock ließ man der Natur keine Freiheit. Mächtig,

Herr Piefke findet, manches Vergnügen der Adligen geht zu weit. Im Schlosspark feierte der Hof bei Feuerwerk und Jagd. In den großen Wasserbassins ließ man Hirsche und andere Wildtiere schwimmen, um sie bequem von Booten aus erlegen zu können.

Welche Königinnen und Könige lebten hier?

1 Sie war die beliebteste preußische Königin.
2 Er spielte gerne und gut Flöte.
3 Er wird der 99-Tage-Kaiser genannt.
4 Er war der Mann von Königin Luise.
5 Für sie wurde das Schloss gebaut.

wie der König war, bestimmte er, wie Bäume wachsen und Blumen blühen sollten, selbst dem Wasser ließ man keinen freien Lauf.
Im Park findest du drei kleine architektonische Schmuckstücke.

Schinkel-Pavillon

Direkt hinter dem Schloss steht der Schinkel-Pavillon: der Nachbau einer Ferienvilla des Königs Friedrich Wilhelm III.

Wo machte der König Urlaub?

In Italien ☐   Am Nordpol ☐

Belvedere

Abgeschieden zwischen Spree und Karpfen-
teich liegt das elegante Belvedere. Es wurde
von Friedrich Wilhelm II. als helles, freund-
liches Teehaus in Auftrag gegeben. Aber
man trank hier nicht nur Tee. Nachts fanden
Zusammentreffen ganz anderer Art statt:
Der König gehörte einem Geheimbund an –
den Rosenkreuzern. Man traf sich im Belvedere, um Geisterbeschwörungen abzuhalten.

Herr Piefke erin-
nert sich gern an die
Königin Luise. Ihre Ehe war außergewöhnlich: Friedrich Wilhelm III.
und Luise waren ineinander ver-
liebt, was bei Königen selten vor-
kam. Das Ehepaar duzte sich,
die sieben Kinder wohnten bei
ihren Eltern und wurden von
ihnen selbst erzogen. Das war
damals bei Königsfamilien

Mausoleum

Weiter abseits am Ende einer immergrünen Allee
findest du das Mausoleum. Der trauernde König
ließ es für seine jung verstorbene Frau, die Königin
Luise, bauen.
Die Grabplatte zeigt die schöne Königin wie im Schlaf.
Als der König starb, gab man ihm den Platz neben

unüblich. Für ihre Beschei-
denheit und Nähe zum Volk
wurden die beiden verehrt,
besonders Luise.

seiner geliebten Frau. Die Särge der Verstorbenen stehen im unteren Raum. Er bleibt immer verschlossen.

Weiter hinten ist der Park wilder. Dieser Teil des Schlossgartens wurde hundert Jahre später gestaltet. Gestutzte Hecken waren nicht mehr gefragt. Eine andere Zeit war angebrochen.

▶ **Hunger/Durst?**
Schloßstraße: mehrere schöne Gartenlokale

▶ **WC:**
Im Schloss – City-Toilette am Klausener Platz

▶ **Museen:**
Sammlung Berggruen, Schloßstraße 1: toll für »kleine Picassos«, täglich 10–18 Uhr – **Bröhan-Museum**, Märchenwelten des Jugendstil – Beide Museen bieten Führungen und Workshops für Kinder – **Mausoleum:** freier Eintritt!

▶ **Spielplatz:**
Klausener Platz

▶ **Picknick:**
Hinterer Teil des Schlossparks, Ziegenhof in der Danckelmannstraße 16: wild und witzig

▶ **Bootsfahrten:**
Anleger **Schlossbrücke**

Lust auf noch mehr Schlösser?

Berlin

Schloss Köpenick
Schloss Klein-Glienicke, Wannsee
Schloss auf der Pfaueninsel, Wannsee: Schöner Ausflug mit kurzer Fahrt auf der Fähre
Jagdschloss Grunewald: Ältester erhaltener Schlossbau in Berlin

Potsdam

Sanssouci - ohne Sorgen

Wenn man von Sanssouci spricht, meint man das Sommerschlösschen Friedrichs des Großen, ferngelegen von Hof und Staatsgeschäften im Grünen. Hierhin zog er sich zurück, um zu lesen und zu musizieren. Das Schlösschen hat nur zwölf Zimmer und ist eines der schönsten preußischen Schlösser. In dem riesigen Schlosspark befinden sich weitere Schlösser und Gebäude: Das Neue Palais mit beeindruckendem Muschelsaal und das Orangerieschloss, von dem man eine wunderbare Aussicht über den Park hat. Das Chinesische Haus und das Drachenhaus verzaubern fernöstlich, italienisch wird es in den Römischen Bädern.

Park Sanssouci:	Neuer Garten:	Park Babelsberg:
Schloss Charlottenhof	Schloss Cecilienhof	Schloss Babelsberg
Neues Palais	Marmorpalais	

Pandabären und andere Klassiker
City-West und Zoo

Eingang Löwentor

Bahnhof Zoo

Zoo

Aquarium

Eingang Elefantentor

Ku'damm

U-Bahnhof
Wittenbergplatz

Gedächtnis-
kirche

Tauentzienstraße

KaDeWe

♦ Start: Wittenbergplatz

Wie kommst du zum Start?
♦ BVG: U1, U2, U3 Wittenbergplatz ♦ Auto: Parkhäuser KaDeWe 1 und 2, Nürnberger
Straße

U-Bahnhof Wittenbergplatz
Der Bahnhof Wittenbergplatz sieht heute noch nobel aus:
Mit Werbetafeln und kleinen Verkaufsständen erinnert er
an alte Zeiten.

City-West

So richtig in Schwung kamen die ländlichen Vororte westlich von Berlin vor gut 100 Jahren. Der Kaiser ließ den holprigen Reitweg »Kurfürstendamm« zu einer pompösen Einkaufsmeile ausbauen. Bauten wie das riesige Kaufhaus des Westens an der Tauentzienstraße machten den Westen zu einer guten Adresse.

Der aufmerksame Herr Piefke weiß, dass der Kurfürstendamm ursprünglich ein »Knüppeldamm« war. Ein Weg mit Holzbohlen, der durch matschiges, sumpfiges Gelände führte.

Das Kaufhaus des Westens ist das größte Kaufhaus Europas und umfasst 60 000 Quadratmeter. Das entspricht der Fläche von rund neun Fußballplätzen. Die große Spielzeugabteilung ist ein Kinderparadies und die Lebensmittelabteilung ein Schlaraffenland für Erwachsene.

Den Berlinern ist der Name »Kaufhaus des Westens« zu lang, sie kürzen ihn ab. Weißt du, wie?

K . . . W . . .

Kaiser-Wilhelm-Gedächtniskirche

Die Kaiser-Wilhelm-Gedächtniskirche wurde 1943 bei einem Bombenangriff zerstört. Über die Trümmer wurde gestritten und diskutiert: Soll die Ruine als Mahnmal des Krieges stehen bleiben, oder baut man

eine neue Kirche? Die Berliner protestierten jahrelang leidenschaftlich gegen den Beschluss, alles abzureißen. Sie wollten keinen Neubau, sondern die Trümmer als Erinnerung bewahren.

Schließlich gaben Senat, Kirche und Architekt nach. Den Kompromiss, an dem die Berliner großen Anteil hatten, siehst du vor dir: Der zerstörte Hauptturm blieb als Erinnerung stehen. Die neuen Kirchengebäude halten vorsichtigen Abstand.

Der vergnügte Herr Piefke schmunzelt, denn in den 1920er Jahren war am Ku'damm der Teufel los. Auf großen Bühnen bewunderte man berühmte Künstler, auch die amerikanische Tänzerin Josephine Baker. **Sie trat in einem Rock aus 16 Pappmaschee-Bananen auf, die beim Tanzen wild umherzappelten.**

Architekt Egon Eiermann baute modern. Manche vergleichen die Form des Turmes mit einem

L . p . . n s t . . t

und das achteckige Kirchenschiff mit einer

. u d . . d o . e

Nach dem Krieg erlebte Herr Piefke, wie sich der Architekt Egon Eiermann sechs Jahre lang mit dem »hohlen Zahn« abplagte. Mit der Lösung war er dann doch zufrieden. »Das Neue nimmt das Zerstörte in die Mitte. Keiner der Neubauten berührt die Ruine.«

Das Innere der Gedächtniskirche leuchtet strahlend blau. Es ist still, obwohl um die Kirche der Verkehr tost.

Nach dem Bau der Mauer wurde für die West-Berliner der Kurfürstendamm zum Zentrum. Damals wie heute macht jeder Berlinbesucher einen Bummel über den Ku'damm.

Der Zoo – tierisch gut

Der Berliner Zoologische Garten ist der älteste Zoo Deutschlands. Er ist etwa 170 Jahre alt. Mitten in der Stadt gelegen, ist er ein schöner Ausgleich zum Großstadtprogramm. Er bietet einen tollen Kinderspielplatz, einen Streichelzoo, Restaurants und jede Menge Rastplätze.

Die ersten Tiere waren ein Geschenk des Königs. Er spendierte seinen Privatzoo. Darunter waren Ziegen, Schweine, Murmeltiere, Biber, ein Dachs und viele Vögel.

Außerdem schenkte der König dem Zoo auch exotische Tiere. Sieben haben sich im Buchstabensalat versteckt.

X	R	T	Z	U	M	K	O	P	F	F	D	A	I	O	K	L	M	F	E	Q	T
Z	V	K	Ä	N	G	U	R	U	H	S	S	R	T	G	H	J	S	W	B	P	P
H	M	L	V	X	Y	W	I	B	B	C	D	E	R	W	Z	U	T	F	Ü	K	L
C	O	N	D	O	R	K	H	K	M	L	M	I	A	F	F	E	N	K	F	G	D
F	R	T	T	V	B	I	M	L	B	P	H	Z	D	D	S	W	T	F	F	H	K
L	T	F	N	M	K	Z	F	E	Ä	G	T	O	P	H	G	F	X	B	E	B	O
P	Z	L	Ö	W	E	S	A	F	R	I	H	F	O	L	I	N	V	B	L	M	P
K	U	Z	W	Q	A	U	Q	U	E	L	J	F	E	R	R	T	S	S	F	G	H
I	U	Z	L	S	P	E	I	T	N	Ä	C	O	A	Ä	O	M	L	A	M	A	S

Wer Lust auf noch mehr Tiere hat, für den gibt es in Berlin-Friedrichsfelde einen zweiten großen Zoo: den Tierpark.

Den letzten Krieg überlebten nur 91 von fast 4000 Tieren des Berliner Zoos. Darunter waren zwei Löwen, zwei Hyänen, ein Elefant, ein Flusspferd, ein Schimpanse und zehn Paviane. Es wird berichtet, dass nach der Bombardierung des Zoos Tiere, auch gefährliche, herrenlos durch das zerstörte Berlin irrten.

Schätze mal, wie viele Tiere heute im Zoo leben.

Über 6000 ☐   **Über 11 000** ☐

Im Jahr 2005 standen die Zoo-Mitarbeiter vor einer schweren Aufgabe. Sie sollten die Tiere zählen. Als sie das Ergebnis kannten, freuten sich alle: Der Berliner Zoo mit Aquarium ist der artenreichste Zoo der Welt. Hier leben fast 14 000 Tiere.

▶ **Hunger / Durst?**
Die Lebensmittelabteilung und das Restaurant des
KaDeWe lassen keinen Wunsch offen – Falafel Salam,
Rankestraße 3, vegetarisch lecker

▶ **Fahrrad:**
Radkom, im Hof von Salam: Verleih von allem rund ums (Kinder-)Rad

▶ **Kinderbetreuung:**
KaDeWe, in der Spielzeugabteilung, 3. OG

▶ **WC:**
KaDeWe, Zoo

▶ **Entspannung:**
Thermen am Europa-Center, über den Dächern von Berlin, Familien-
angebote

▶ **Aussicht:**
Restaurant oben im KaDeWe, Blick über die Stadt

▶ **Wiegen:**
Auf den Bahnsteigen im Bahnhof Wittenbergplatz: uralte Automaten

▶ **Zoo:**
Charlottenburg, Hardenbergplatz 8, Frühling–Sommer 9–19 Uhr,
Herbst–Winter bis 17 Uhr. Die Fütterungszeiten der Tiere findest du
im Zoo direkt am Eingang auf einem Plakat hinter der Kasse.

Ponys kraulen, Schafe streicheln, Ziegen füttern – alles ist erlaubt. Die meisten Tiere im Streichelzoo sind zutraulich. Besonders, wenn ihr Futter aus den Automaten holt – wen zuerst füttern? Das ist ein altes Problem.

Eisbären

Waldschänke

Einer der zwei Eingänge zum Zoo: das Löwentor.

Giraffen

Affenhaus

Direkt am Eingang empfangen dich die Elefanten.

Im Aquarium leben auf drei Etagen rund 4000 Tiere. Neben Fischen und anderen Wassertieren kannst du Zitteraale, Haie, Krokodile, Riesenschlangen und Vogelspinnen bestaunen. Im Zoo werden auch Quallen gezüchtet, was bei diesen empfindlichen Tieren sehr schwierig ist.

Das Flusspferd Knautschke war ein Star. Es wurde in seinen 46 Lebensjahren Vater von 30 Flusspferdkälbern. Seine erste Tochter hieß Bulette. Das moderne Flusspferdhaus ist toll: Du kannst die Tiere unter Wasser sehen.

Robben und Pinguine

Spielplatz

Kängurus

Restaurant

Elefantentor

Eine der Hauptattraktionen des Berliner Zoos ist der Große Panda Bao Bao, zu Deutsch Schätzchen. Er ist der älteste Panda, der in einem Zoo lebt. Du kannst ihn im Raubtierhaus besuchen, wo er an seiner Lieblingsspeise Bambus kaut. Er wird auch Bambusbär genannt.

Grün und nass
Tiergarten und Spree

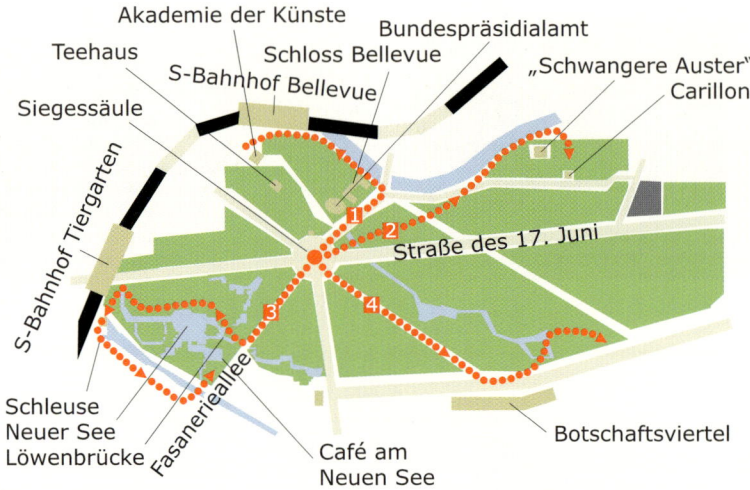

Teehaus
Akademie der Künste
Siegessäule
S-Bahnhof Bellevue
Schloss Bellevue
Bundespräsidialamt
„Schwangere Auster"
Carillon
S-Bahnhof Tiergarten
Straße des 17. Juni
Schleuse
Neuer See
Löwenbrücke
Fasanerieallee
Café am
Neuen See
Botschaftsviertel

♦ Start: Tiergarten

Wie kommst du zum Start?
♦ BVG: S5, S7, S75, S9 Tiergarten ♦ Auto: Parkplätze auf der Straße des 17. Juni

Tiergarten

Herr Piefke erinnert sich: So grün wie heute war Berlins Mitte nach dem Krieg nicht. Frierende und hungernde Berliner verheizten das Holz und pflanzten Kartoffeln an. Für die Aufforstung des Tiergartens spendeten andere deutsche Städte Bäume.

Das ehemalige Jagdrevier der Hohenzollern ist heute die grüne Mitte Berlins. Schon lange wird hier nicht mehr gejagt, sondern gespielt und entspannt. Der Tiergarten ist die größte Picknickwiese der Berliner zum Erholen für Groß und Klein – aber er hat noch mehr zu bieten.

Der Tiergarten ist nicht zu verwechseln mit dem Zoologischen Garten oder dem Tierpark. Er liegt

☐ mitten in Berlin   ☐ im Osten der Stadt

Siegessäule

In der Mitte vom Großen Stern – so heißt der breite Kreisverkehr im Zentrum des Tiergartens – steht die Siegessäule.

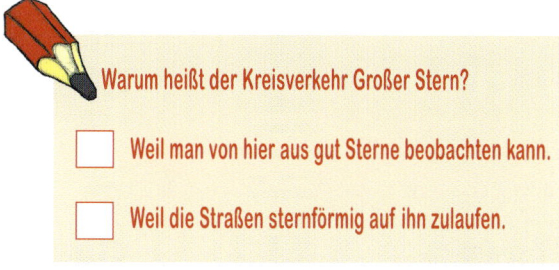

Warum heißt der Kreisverkehr Großer Stern?

☐ Weil man von hier aus gut Sterne beobachten kann.

☐ Weil die Straßen sternförmig auf ihn zulaufen.

Herr Piefke genießt die Aussicht: Es lohnt sich, die 285 Stufen zur Aussichtsplattform hinaufzusteigen. Du hast einen super Überblick.

Die 69 Meter hohe Säule stellten die Preußen auf, weil sie stolz darauf waren, in kurzer Zeit drei Kriege gewonnen zu haben. Sie krönten die Säule mit der Göttin des Sieges, der goldenen Viktoria. Die Berliner nennen sie einfach »Goldelse«. Außergewöhnlich ist der Schmuck am Schaft der Säule, vergoldete Kanonenrohre aus der Kriegsbeute. Fallen dir Löcher am Sockel der Säule auf? Das sind Einschläge von Granaten und Schüssen. Auch um die Siegessäule tobten in den letzten Tagen des Zweiten Weltkriegs furchtbare Kämpfe.

Tour I durch den Tiergarten

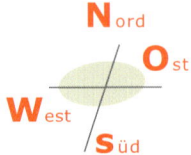

Nord
Ost
West
Süd

In welchem Teil des Tiergartens befindest du dich?

N . . d - W . . . . .

An der Spree liegt das Schloss Bellevue. Hier residiert der Bundespräsident.

Herr Piefke orientiert sich im Tiergarten. Der Kompass und die Himmelsrichtungen helfen dem sauberen Herrn Piefke dabei: »Niemals ohne Seife waschen.«

Wer hat das höchste Amt in der Bundesrepublik inne?

☐ Der Regierende Bürgermeister von Berlin

☐ Der Bundespräsident

▶ Hunger / Durst?
Café Buchwald, Bartningallee 29: selbstgebackene Kuchen – Café in der Akademie der Künste, Hanseatenweg 10: viel Platz für Kinder – Teehaus am Englischen Garten: einer der angenehmsten Biergärten der Stadt

▶ WC:
Akademie der Künste und Teehaus im Englischen Garten

▶ Theater:
Gripstheater, Kinder- und Jugendtheater, Altonaer Straße 22. Kartentelefon: 39 74 74 77

▶ Spielplatz:
Hinter der Akademie der Künste

Tour 2 durch den Tiergarten

Entlang der Spree kommst du zum Haus der Kulturen der Welt. Da das geschwungene Dach an eine Muschel erinnert, gaben die Berliner der ehemaligen Kongresshalle einen passenden Spitznamen.

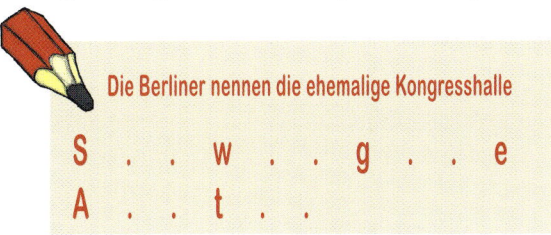

Die Berliner nennen die ehemalige Kongresshalle

S . . w . . . g . . e
A . . t . .

Der clevere Herr Piefke kennt sich aus: Die Schwangere Auster war ein Geschenk der Amerikaner. Das Dach des Gebäudes stürzte 1981 ein und begrub einen Menschen unter sich. Weil das Haus eine ungewöhnliche Form hatte, baute man es wieder auf.

Fällt dir der schwarze Turm auf? Es ist ein Glockenturm. Das Besondere: Die Glocken gehören zu einem Carillon. Dieses Instrument wird mit Fäusten und Füßen gespielt, und es erklingen Glocken.

▶ Hunger / Durst?
Biergarten an der Schwangeren Auster – Biergarten und Restaurant Zollpackhof gegenüber vom Bundeskanzleramt, direkt an der Spree

▶ WC:
Schwangere Auster

▶ Bootsfahrten:
Anleger an der Schwangeren Auster

▶ Spieplatz:
Schräg gegenüber der Schwangeren Auster

Tour 3 durch den Tiergarten

Im südlichen Teil des Tiergartens fließt viel Wasser. Über die erste Hängebrücke Berlins, die Löwenbrücke, gehst du weiter zum Neuen See. Am See entlang kommst du zur Schleuse.

Gehst du am Garten-ufer zurück, hörst und siehst du Tiere: Du bist hinter dem Berliner Zoo (siehe Tour »City-West und Zoo«). Vom Schleusenkrug aus entlang der S-Bahn gelangt man zum Löwentor.

Wozu dient eine Schleuse?

☐ Passagiere haben mehr Spaß auf Dampferfahrten.

☐ Schiffe überwinden Höhenunterschiede von Flüssen.

An der Uferböschung hinter der Brücke liest du auf einer Gedenktafel den Namen Rosa Luxemburg. Sie war Kommunistin und sehr mutig. Sie sagte, was sie dachte, auch wenn das nicht allen passte. Ihre Feinde brachten sie um und warfen hier ihre Leiche in den Kanal.

▶ **Hunger / Durst?**
Schleusenkrug, Müller-Breslau-Straße: Schiffe beobachten – **Käpt'n Schielow** am Sophie-Charlotten-Tor, Straße des 17. Juni: Restaurant auf einem Schiff – **Café am Neuen See**: Biergarten, gute Pizza im Pavillon, im Winter nur an Wochenenden

▶ **WC:**
Da, wo man auch Hunger und Durst stillt

▶ **Bootsfahrten:**
Ruder- und Tretboote beim **Café am Neuen See**

▶ **Flohmarkt:**
Straße des 17. Juni, S-Bahnhof Tiergarten, Sa 11–17 Uhr, So 10–17 Uhr

Tour 4 durch den Tiergarten

Hier entdeckst du viele Botschaftsgebäude. Jedes
Haus sieht anders aus.

Findest du heraus, zu welchem Land die eine oder
andere Botschaft gehört?

. . . .

. . . .

. . . .

. . . .

Der schlaue Herr
Piefke schaut sich
um. Alle skandi-
navischen Botschaften befinden
sich auf einem Grundstück. Sie
fühlen sich miteinander verbunden.
Das zeigt die grüne Wand, die die
Gebäude schützend umschließt.

▶ Hunger/Durst?
Felleshus in den Nordischen Botschaften: lecker

▶ WC:
Im Foyer der Philharmonie, Herbert-von-Karajan-Straße

▶ Spielplatz:
Großer Waldspielplatz auf Höhe der österreichischen Botschaft

Service

Wenn du von außerhalb Berlins anrufst, musst du vor den Telefonnummern die Vorwahl 030 wählen.
Die Preise wurden im Frühjahr 2011 ermittelt. Preisänderungen sind möglich.

Abenteuerspielplatz

Prenzlauer Berg – Wer seine Kinder zum **Kolle 37** bringt, kann getrost zu den unzähligen Cafés am Kollwitzplatz schlendern und entspannen. Erwachsene Betreuer helfen und unterstützen bei zahlreichen Spielangeboten.
Abenteuerspielplatz Kolle 37, Kollwitzstr. 35–37, U2 Senefelderplatz. www.kolle37.de. Winteröffnungszeit Mo–Fr 12.30–18.30 Uhr, Sa 13–18 Uhr. Sommeröffnungszeit (ab Mitte April) Mo–Fr 13–19 Uhr, Sa 13–18 Uhr.
Charlottenburg – Kaffeetrinken in Ku'Damm-Nähe, während sich die Kleinen in den computergesteuerten Wasserspielen für den weiteren Stadtbummel erfrischen.
Walter-Benjamin-Platz, zwischen Leibnizstraße 49–53 und Wielandstraße 19–22.

Baden

Kostenlos baden kann man an vielen Stellen der unzähligen Seen Berlins.
Zehlendorf – Der **Wannsee** (Strandkörbe!) ist gut zu erreichen. S-Bahn Wannsee.
Charlottenburg – Der **Teufelssee** liegt mitten im Wald. S-Bahn Grunewald, danach 20 Minuten durch den Grunewald, toller Weg mit Stopp an der riesigen Kiesgrube, prima zum Toben und Klettern.
Potsdam – Der **Heilige See** ist landschaftlich schön gelegen. *S-Bahn Wannsee,* dann mit dem Bus bis Glienicker Brücke und von dort zu Fuß an der Havel entlang auf dem ehemaligen Grenzstreifen zum Neuen Garten.

Campen

Tiergarten – In der **Tentstation** kann man mitten in Berlin zelten. Sie befindet sich auf dem Gelände eines stillgelegten Freibads in Berlin Mitte-Tiergarten. Die leeren Becken und die alten Sprungtürme schaffen Atmosphäre: Beachvolleyball im Pool spielen und mit Blick auf den Fernsehturm frühstücken. Die Bar auf der ehemaligen Tribüne ist ab Mai auch für Besucher geöffnet.
Seydlitzstr. 6, S5, S7, S75, S9 Hauptbahnhof. Tel. 39 40 46 50, www.tentstation.de. Geöffnet April bis Oktober.
Spandau – Bürgerablage (BCC): Eigener Steg und Badestrand.
Niederneuendorfer Allee 60, Tel. 335 45 84, www.bccev.de.vu. Geöffnet April bis Oktober.

Ferienwohnungen

Großes Angebot ab 14 € aufwärts.
Informationen: Kostenlose Zimmervermittlung Berlin, Tel. 67 80 29 60, www.kostenlose-zimmervermittlung-berlin.de.
Friedenau – Wohnen mit Familien-Sightseeing: Die Agentur **berlin-architektouren** bietet eine kinderfreundliche Wohnung im Grünen. *www.berlin-architektouren.de, Tel. 32 50 38 87.*

Finden

Tempelhof – Schlüssel verloren, Lieblingspuppe vermisst? Das **Zentrale Fundbüro** hilft weiter.
Platz der Luftbrücke 6, U6 Platz der Luftbrücke, Bus 104, 248. Tel. 75 60 31 01. Mo, Di 8–15 Uhr, Do 13–18 Uhr, Fr 8–12 Uhr.

Forschen

Neukölln – Was fliegt und kriecht durch die Flora im Süden Berlins? Im **Britzer Garten** können Groß und Klein auf Entdeckungsreise gehen, u.a. auch bei Nachtwanderungen. Das Angebot spricht nicht nur Kinder an.
Freilandlabor Britz, Sangerhauser Weg 1, U6 Alt-Mariendorf. Tel. 703 30 20, www.freilandlabor-britz.de. Di–Sa 11–16 Uhr, So 10–16 Uhr, Eintritt: Erwachsene 2 €, Kinder 1 €.

Freilandmuseum

Zehlendorf – Die **Domäne Dahlem** bietet Marktfeste, Gruppenführungen (u.a. »Die Honigbiene«, »Woher kommen die Ostereier?«), Kutsch- und Traktorfahrten. Hier kann man mitten in der Stadt auf einem Bauernhof ausspannen.
Freilichtmuseum Domäne Dahlem, Königin-Luise-Str. 49, U3 Dahlem-Dorf. Tel. 666 30 00, www.domaene-dahlem.de. Freigelände täglich 8–20 Uhr, Hofladen Mo-Fr 10–18 Uhr, Sa 8–13 Uhr, Ökomarkt Mi 12–18 Uhr, Sa 8–13 Uhr.

Freizeitzentrum

Köpenick – Europas größtes gemeinnütziges Kinder-, Jugend- und Familienzentrum, das **FEZ Wuhlheide**, lockt mit riesigem Kinderprogramm, diversen Spiel- und Sportplätzen, einem Kletterwald, Bademöglichkeiten für jedes Wetter und vielem mehr. Super Ferienprogramm, nachfragen!
FEZ Wuhlheide, An der Wuhlheide 197, S-Bahn Wuhlheide. Tel. 53 07 10, www.fez-berlin.de. Di–Fr 9–22 Uhr, Sa 12–18 Uhr, So 12–18 Uhr, Preise: Kino 2 €; Schwimmhalle Erwachsene 4,50 €, Kinder 2,50 €.

Friedhöfe

Mitte – In Berlin gibt es viele Friedhöfe, die schön angelegt sind und auf denen zahlreiche berühmte Berliner Ruhe fanden. Besonders interessant sind der **Französische** und der **Dorotheenstädtische Friedhof**, auf denen z.B. die Gräber von Bertolt Brecht und seiner Frau Helene Weigel liegen.
Dorotheenstädtischer Friedhof und Französischer Friedhof, Chausseestraße 126–127, U6 Oranienburger Tor / Zinnowitzer Straße. Täglich ab 8 Uhr. Schließzeiten je nach Jahreszeit zwischen 16 und 20 Uhr.

Günstig

Berlin – **Superferienpass**: Zahlreiche Ermäßigungen und teilweise sogar kostenlose Eintritte zu Veranstaltungen und Kursen in Berlin und im Umland in den Bereichen Sport und Spiel, Sightseeing, Kino, Theater, Museum und Musik. Gilt nur in den Berliner Schulferien, 9 €. **Familienpass**: Bietet Ihnen ein ganzes Jahr lang rund 300 familienfreundliche Preisvorteile, 6 €.
Beide erhältlich unter www.jugendkulturservice.de und vor Ort in Bibliotheken, Bezirksämtern, Freibädern und bei Karstadt Sport.

BVG: Mit dem **WelcomeCard-Ticket** haben ein Erwachsener und bis zu drei Kinder (bis 14 Jahren) 48 Stunden (18,90 €) oder 72 Stunden (24,90 €) freie Fahrt mit allen öffentlichen Verkehrsmitteln im Verkehrsverbund Berlin-Brandenburg. Mit dem dazugehörigen Gutscheinheft gibt es bis zu 50 Prozent Ermäßigung bei mehr als 160 touristischen und kulturellen Highlights. Tickets sind bei den Verkaufsstellen der Berliner Verkehrsbetriebe, in den BERLIN infostores oder unter www.visitberlin.de erhältlich.

Hören

Schlechtes Wetter? Langeweile? Dagegen hilft **Radio Teddy** (Frequenz: 90,2). Kinderprogramm rund um die Uhr.
www.radioteddy.de.

Indoor-Spielplatz

Wenn draußen nichts mehr läuft.
Charlottenburg – Im **Charlottchen** können alle entspannen, wahlweise in der Burg und auf der Rutsche im Spielzimmer oder im netten Restaurant und Café. Im Kindertheater am Nachmittag treten Zauberer, Puppen und Märchenfiguren auf.
Droysenstraße 1, 10629 Berlin, Tel. 324 47 17, Mo–Fr ab 15 Uhr, Sa / So ab 10 Uhr, an den Wochenenden Familien-Frühstücks-Buffet.

Kinderbetreuung

Prenzlauer Berg – **Babysitter-Express**: mehrsprachiger 24-Stunden-Service für Kinder ab dem Babyalter.
Raumerstr. 23. Tel. 0160 / 97 22 06 65, www.babysitter-express.de. Preise: Eine Stunde ab 13,50 €.
Mitte – Im ersten internationalen Kinderhotel Berlins, der **Erlebniswelt Kinderinsel**, gibt es Babysitting rund um die Uhr für Kinder ab sechs Monaten.
Eichendorffstr. 17, S1, S2, S85 Nordbahnhof, U6 Zinnowitzer Straße / Oranienburger Tor. Tel. 417 71 69, www.kinderinsel.de. Preise: Eine Stunde ab 15 €.

Kindertheater

Kreuzberg – Alle großen Bühnen in Berlin bieten ein tolles Kinderprogramm. Einfach mal reinschauen.
Empfehlenswert: das **Platypus-Theater**. Platypus ist die englische Bezeichnung des Schnabeltiers, des einzigen Säugetiers, das Eier legt. Wie das Schnabeltier will auch das Theater zwischen zwei Welten wandeln, zwischen Deutsch und Englisch. Aufführungen auf Englisch für Schüler ab der dritten Klasse. Wechselnde Spielorte.
Büro: Markgrafenstr. 87. U6 Kochstraße, Bus M29. Tel. 61 40 19 20, www.platypus-theater.de.
Wedding – Das **Theater Atze** zeigt Andersens »Die kleine Meerjungfrau« und eigene Werke für Kinder ab vier Jahren.
Atze – Theater und Konzerthaus für Kinder, Luxemburger Str. 20, U9 Amrumer Straße. Tel. 81 79 91 88, www.atzeberlin.de. Eintritt: 8 € für Familien ab drei Personen.

Kinderzirkus

Schöneberg – Im **Juxirkus** gestaltet ihr das Zirkusprogramm selbst.
Hohenstaufenstr. / Martin-Luther-Str., U1, U2, U3, U4 Nollendorf-

platz. Tel. 215 58 21, www.juxirkus.de. Eintritt für Vorstellungen: Erwachsene 5 €, Kinder ab 3 Jahre 3 €.

Klamotten

Wilmersdorf – Die **Zuckerhexe** entwirft und fertigt schöne Kleider für Mädchen von ein bis zehn Jahren. Alle Kleider sind Unikate, es werden auch witzige Decken, Bettbezüge und Fundstücke verarbeitet.
Atelier Claudia Adams, Kreuznacher Str. 7, U1 Breitenbachplatz. Tel. 79 70 24 54, www.zuckerhexe.de.
Die schönsten Kindersachen aus ganz Europa bietet der kleine Laden **De Kinderwinkel** in geschmackvoller Auswahl, auch Spielzeug.
Ludwigkirchplatz 11, U3 Hohenzollernplatz. Tel. 88 91 09 88, www.de-kinderwinkel.de. Mo–Fr 10–18 Uhr, Sa 11–15 Uhr.
Friedenau – Ihre Kleider gibt es neben anderen netten gebrauchten Klamotten bei **Rosarot & Himmelblau**.
Stubenrauchstr. 73, S1 Feuerbachstraße. Mo 14–18 Uhr, Di–Fr 10–18 Uhr, Sa 10–14 Uhr.

Kunst

Mitte – Kunst zum Anfassen! Mit den besten Freundinnen und Freunden das Wunderkammerkrokodil besuchen, seinen eigenen Kunst-Sammelkasten bauen? Oder zum Geburtstag einen Schatz mit nach Hause nehmen? Im **me Collectors Room** können Kinder und Jugendliche mit allen Sinnen aktuelle Kunst erforschen.
Augustraße 68, 10117 Berlin, U8 Weinmeisterstraße, U6 Oranienburger Tor, S1, S2, M1 Oranienburger Straße, Dauer 2,5 Stunden, ab 60 €, Öffnungszeiten Di–So 12–18 Uhr.

Lecker-Schmecker

Mitte – Viele Cafés und Restaurants gibt es rund um den **Weinberg**, U2 Rosenthaler Straße
Strandbar Mitte: Feiner Sand, Liegestühle und Palmen.
Monbijoustr. 3, S1, S2, S25 Oranienburger Straße. Täglich ab 10 Uhr.
Tiergarten – Mit Kindern einer der angenehmsten Biergärten der Stadt: **Teehaus im Englischen Garten**, rundum Wiesen zum Entspannen und Ball spielen, lecker gefüllte Picknickkörbe gibt es nur hier! Auf Anfrage Feier von Kindergeburtstagen.
Kreuzberg – Rund um die **Admiralbrücke**, der ältesten schmiedeeisernen Brücke über den Landwehrkanal, ein buntes Treiben in Kneipen, Restaurants und auf den Straßen. – Unser Lieblings-Burger der Stadt: **Hamburger Heaven**, selbstgemacht, appetitlich, lecker! Im Winter kann man sich im kleinen Wohnwagen vor dem Büdchen aufwärmen.
Graefestraße 93, 10967 Berlin, Mo–Do 12–21 Uhr, Fr–Sa 12–22 Uhr, So 15–21 Uhr.
Prenzlauer Berg – Unsere Lieblings-**Currywurst** der Stadt: **Konnopkes Imbiss**, Kult, authentischer Genuss unter der S-Bahn.
Schönhauser Allee 44B, 10435 Berlin, Mo–Fr 10–20 Uhr, Sa 12–20 Uhr.

Mittelalter

Zehlendorf – Leben und arbeiten wie vor 800 Jahren? Das **Museumsdorf Düppel** bietet mittelalterliches Leben pur zum Mitmachen. Sonntags kostenlose Führung.

Clauertstr. 11, S1 Mexikoplatz, weiter mit Bus. Tel. 802 66 71,
www.dueppel.de. März bis Oktober Do 15–19 Uhr, So 10–17 Uhr, Ein-
tritt: Erwachsene 2 €, Kinder 1 €.

Museen

Wedding – Das **Labyrinth**-Museum in einer ehemaligen Zünd-
holzfabrik zeigt wechselnde Ausstellungen wie »Seifenblasenträu-
me«. Die Ausstellungsstücke kannst du anfassen, manchmal ver-
ändern oder neu aufbauen.
Osloer Str. 12, U9 Osloer Straße, Tel. 49 30 89 01, www.labyrinth-kin-
dermuseum.de. Di–Sa 13–18 Uhr, So 11–18 Uhr, Eintritt: Erwachsene
4 €, Kinder 3,50 €.
Prenzlauer Berg – **MACHmit!** Museum für Kinder mit zahlreichen Angeboten zum Entdecken, Ausprobieren und Erforschen
in umgebauter Kirche.
Senefelder Straße 5–6, 10437 Berlin, Tel. 74 77 82 00, Kindergeburtstage.
Mitte – Im **Museum für Naturkunde** kannst du Riesensaurier,
Gorilla Bobby und unsere tierischen Vorfahren bestaunen.
Invalidenstr. 43, S5, S7, S75, S9 Hauptbahnhof, U6 Zinnowitzer Stra-
ße. Tel. 20 93 85 91, www.naturkundemuseum-berlin.de. Di–Fr 9.30–
18 Uhr, Sa / So 10–18 Uhr, Eintritt: Erwachsene 3,50 €, Kinder 2 €.
Kreuzberg – Das **Deutsche Technikmuseum** ist nicht nur
etwas für Freaks: Alte und neue Technik zum Erleben und
Begreifen. Mitmachen erwünscht!
Trebbiner Str. 9, U1, U2 Gleisdreieck. Tel. 902 54-0, www.dtmb.de. Di–Fr
9–17.30 Uhr, Sa / So 10–18 Uhr, Eintritt: Erwachsene 6 €, Kinder 3,50 €.

Planeten

Prenzlauer Berg – Einfach mal zu den Sternen schauen? Das
Zeiss-Großplanetarium bietet spezielle Kinderprogramme wie
»Der kleine Sternentraum« ab fünf Jahren, »Sterne, Nebel, Feuer-
räder« ab acht Jahren.
Prenzlauer Allee 80, S41, S42, S8, S85 Prenzlauer Allee. Tel. 42 18 45 12,
www.astw.de. Mo–Fr 9–12 Uhr, Mi 13.30–15 Uhr, Fr 19–21, Sa 13.30–21
Uhr, So 13.30–17 Uhr. Eintritt: Erwachsene 5 €, Kinder 4 €, kleine
Gruppenkarte (zwei Erwachsene, drei Kinder).

Radeln

Mitte – In Berlin kann man wunderbar mit dem Rad unterwegs
sein. Die **Fahrradstation** hat mehrere Anlaufstellen in der Stadt
und bietet Fahrradverleih, Rikschas und Touren an.
Dorotheenstr. 30, S1, S2, S25, S5, S7, S75, S9 Friedrichstraße. Tel.
28 38 48 48, www.fahradstation.de. März–Oktober täglich 8–20 Uhr, Preise:
Kinderfahrrad (alle Größen) 10 € pro Tag, Erwachsene 15 € pro Tag.

Schmökern

Mitte – Schmökern bis zum Morgengrauen? **LesArt** bietet Kinderlesenächte ab acht Jahren und noch mehr. Vorbeischauen!
LesArt, Berliner Zentrum für Kinder- und Jugendliteratur, Weinmeis-
terstr. 5, U8 Weinmeisterstraße, S5, S7, S75, S9 Hackescher Markt.
Tel. 282 97 47, www.lesart.org.

für Sportfans

Prenzlauer Berg – Bei den Albatrossen geht nichts unter 1,90

Meter. In gut 20 Jahren war **Alba Berlin** neunmal deutscher Meister im Basketball. Ein Besuch in der Max-Schmeling-Halle sorgt einfach für gute Laune.

Max-Schmeling-Halle, Am Falkplatz, U2 Eberswalder Straße. Tickets: 01805 / 30 07 77, www.albaberlin.de. Preise: ab 7,50 €.

Hohenschönhausen – Eisbären gegen Adler, Füchse, Haie, Panther oder Pinguine. Nein, du befindest dich nicht im Zoo, sondern auf dem Eis. Das Berliner Eishockeyteam kämpft im »Wellblechpalast« um Siege und Ehre.

Sportforum Berlin, Steffenstraße, Tram M5 Sandinostraße. Tickets: 97 18 40 40, www.eisbaeren.de. Familientag: Kinder von 6 bis 16 Jahren zahlen 5 €, Family-Lounge-Ticket: vier Sitzplätze (zwei Erwachsene, zwei Kinder), Buffet, Getränke und Animationsaction für 99 €.

Charlottenburg – Der Berliner Fußballclub **Hertha BSC** existiert bereits seit 115 Jahren. Heute treten die Herthianer das runde Leder im Olympiastadion, in dem das Finale der WM 2006 stattfand.

Olympiastadion, U2 Olympiastadion. Tickets: 01805 / 18 92 00, www.hertabsc.de. Langnese-Familienblock (Nichtraucher), Erwachsene 16 €, Kinder 7,50 €. Tickets auch gültig als Fahrschein für öffentliche Verehrsbetriebe.

Skaten

Friedrichshain – Workshops rund ums Board oder nur für ein paar Stunden coole Rampen testen? **Skatehalle Berlin.**

Revaler Straße 99, 10245 Berlin, U1 Warschauer Str., Preise und Öffnungszeiten: Tel. 29 36 29 66 oder unter www.skatehalle-berlin.de.

Stadtführungen

Willst du Spuren quer durch die Stadt suchen? Dann komm mit auf die Rätseltour »Kindertour – erratet euch die Stadt« von **berlin-architektouren**, Preise auf Anfrage.

Tel. 32 50 38 78, www.berlin-architektouren.de.

Steig hinab in die faszinierende Unterwelt Berlins. Führungen durch unterirdische Bauwerke bietet der **Berliner Unterwelten e. V.,** auch auf Englisch.

Tel. 49 91 05 17, www.berliner-unterwelten.de.

Durch Brauerei-Keller und alte Wasserspeicher geht es mit **unter-berlin.**

Tel. 30 31 50 98 66, www.unter-berlin.de.

Trödel

Mitte – Auf dem Flohmarkt **Arkonaplatz** können Erwachsene ihre Zeit (ver-)trödeln, während die Kinder auf dem Spielplatz toben.

U8 Bernauer Straße. So ab 10 Uhr.

Zum Schluss – entspannen!

Tempelhof – Tempelhofer Freiheit: Skaten, Drachen steigen lassen, picknicken – grenzenlose Freiheit auf dem ehemaligen Flugfeld genießen!

Öffnungszeiten sind jahreszeitenabhängig, Anfahrtsmöglichkeiten und Informationen unter www.gruen-berlin.de/parks-gaerten/tempelhofer-freiheit.

Für Schulklassen, Kitas und Horte

Geschichte Mitte und Charlottenburg – **Touren und Schulprojekte** zur Stadtgeschichte und den Berliner Sehenswürdigkeiten bleiben den Kindern in Erinnerung, denn Eigeninitiative ist gefragt. Projekte und Führungen zum Mitmachen durch Nikolaiviertel, Parlamentsviertel, Gendarmenmarkt und Charlottenburg für alle Klassenstufen und Kitas.
Informationen: www.berlin-architektouren.de, Tel. 0178 / 493 51 97.
Mitte – Märkisches Museum und **Museum Nikolaikirche** – Workshops und Schülerführungen zu Themen der Stadtgeschichte, ab 30 €.
Märkisches Museum: Am Köllnischen Park 5, 10179 Berlin, U Märkisches Museum, S + U Jannowitzbrücke, Bus 147, Di / Do-So 10–18 Uhr, Mi 12–20 Uhr.
Museum Nikolaikirche: Nikolaikirchplatz, 10178 Berlin, Tel. 240 02-162, www.stadtmuseum.de.

Klassiker Mitte – Mit dem **100er** oder **200er Bus** und einem Klassenticket der BVG genießt man eine Stadtrundfahrt im Doppeldecker, ohne extra zu zahlen.
100er Bus: S + U Zoologischer Garten bis S + U Alexanderplatz.
200er Bus: S + U Zoologischer Garten bis Prenzlauer Berg / Michelangelostraße.

Kostenlos Mitte – Für Schulklassen ist der Besuch im **Berliner Dom** gratis. Der Blick von der Kuppel über die Stadt ist eine Rundschau über die Berliner Sehenswürdigkeiten. Die fast hundert Prunksärge in der Gruft der Hohenzollern faszinieren Schulklassen meist mit leichtem Gruselschauer.
Am Lustgarten, 10178 Berlin, ohne Anmeldung.
Charlottenburg – Im **Park von Schloss Charlottenburg** kann man Gartenbaukunst aus drei Jahrhunderten studieren. Im eintrittsfreien **Mausoleum** scheinen Luise und ihr Königsgemahl, nebst Kaiser und Gattin in Stein gehauen auf Ewigkeit zu schlafen. *Spandauer Damm 20–24, 14059 Berlin.*
In ganz Berlin – Die Staatlichen Museen zu Berlin bieten im Rahmen des betreuten Unterrichts in ihren Häusern über die Besucherdienste kostenfreie Führungen und Materialien für Berliner Schulklassen an.
Informationen, Beratung und Anmeldung: Tel. 266-42 42 42 (Mo-Fr 9–16 Uhr), service@smb.museum.

Lesen In den Klassikern »**Emil und die Detektive**« und »**Pünktchen und Anton**« von Erich Kästner erkennen die Kinder Berlin im Spiegel einer vergangenen Zeit wieder. Andreas Steinhöfels »**Rico, Oscar und die Tieferschatten**« und »**Der mechanische Prinz**« führen in die Welten Berliner Kinder im Hier und Jetzt. Spannende Geschichten von Königen und Königinnen erzählen Magdalena und Gunnar Schupelius in »**Preußens Prinzessin**« und »**Beruf König**«. In »**Eine Reise durch die Zeit**« (erhältlich in der Marienkirche) werden die Kinder durch 700 Jahre Geschichte der Marienkirche geführt.